Willy Brandt

Fotos von
Jupp Darchinger

Willy Brandt

Bilder aus dem Leben eines großen Europäers

Essay und Texte von
Margarita Mathiopoulos

Droemer Knaur

Für engagierte Zusammenarbeit
sei Frank Gockel, Tiemo Kracht
und Marion Nettekhoven gedankt.
M. M.

Die Deutsche Bibliothek –
CIP– Einheitsaufnahme
Willy Brandt: Bilder aus dem Leben eines
großen Europäers
Fotos von Jupp Darchinger.
Essay und Texte von Margarita Mathiopoulos
(Hrsg.). – München: Droemer Knaur, 1993
ISBN 3-426-26745-4
NE: Darchinger, Jupp;
Mathiopoulos, Margarita

Umschlaggestaltung, Bildkonzeption
und Layout: Fritz Lüdtke und
Antonia Graschberger, München
Lithographie: O.R.T., Berlin
Satzarbeiten: MultiByte, München
Druck: aprinta, Wemding
Einband: Großbuchbinderei Sigloch,
Künzelsau
Printed in Germany

ISBN 3-426-26745-4

5 4 3 2 1

Inhalt

Willy Brandt. Ein großer Europäer 7

Willy Brandt. Zeuge des Jahrhunderts 21

I *»Wiedervereinigung durch Wandel«* Der Berlin- und Deutschlandpolitiker 33

II *» ... um den Frieden sicherer zu machen.«*
Der westliche Wegbereiter der Ostpolitik 55

III *»Wir sind keine Erwählten; wir sind Gewählte.«*
Der Kanzler der sozialliberalen Koalition 93

IV *» ... Europa hört nicht an der Elbe auf.«* Der Gesamt-Europäer 107

V *»Den Geist der Freiheit mit dem Geist der Gerechtigkeit verbinden.«*
Der Entwicklungs- und Menschenrechtspolitiker 117

VI *» ... überglücklich über die Zeichen der Solidarität.«*
Der Präsident der Sozialistischen Internationale 127

Hände. Nachdenken über die Zerbrechlichkeit der Demokratie 135

VII *» ... weil wir es uns schwerer machten als andere.«*
Der Wahlkämpfer auf dem langen Weg zum Machtwechsel 139

VIII *»Diese Regierung sucht kritische Partnerschaft.«*
Der intellektuelle Visionär 157

IX *» ... mehr Demokratie wagen.«* Der Reformpolitiker 179

X *» ... wie wir miteinander umgehen in der Partei.«* Der SPD-Vorsitzende 197

XI *» ... wir sind nicht zu Helden geboren.«* Vordenker der Sozialdemokratie 227

XII *» ... auf mancherlei Anfeindungen gefaßt.«*
Der sozialdemokratische Patriot 239

XIII *» ... man hat sich bemüht.«* Der Mensch Willy Brandt 249

Geburtstag 261

Willy Brandt. Ein großer Europäer

Was bewirkt die historische Größe eines Menschen? Ist es im hegelianischen Sinn die Übereinstimmung der Person mit dem Willen des Weltgeistes? Sind die entscheidenden Akteure der Geschichte nur Geschäftsführer eines Zweckes? Oder entsteht bleibende Bedeutung durch die weitgehende Ausnutzung des Spielraums, den die jeweilige Konstellation von überindividuellen Kräften und Tendenzen einer bestimmten Person und ihrem Wirken läßt (Lothar Gall)? Ich glaube nicht, daß das reicht. Vielmehr ist es so, daß wahre Größe erst dann entsteht, wenn es einem einzelnen Menschen gelingt, sich gegen die vorgefundenen Bedingungen und Tendenzen zu stemmen, und die Kraft so groß ist, daß er oder sie einen eigenen Beitrag leistet, den Lauf der Welt zu *verändern*.

Ohne Willy Brandt wäre die SPD zu Beginn der 50er Jahre vielleicht dem Kurs Schumachers gefolgt, hätte ein neutrales Deutschland zwischen den Blöcken angestrebt, zu Westbindung und Wiederbewaffnung ein dauerhaft gestörtes Verhältnis behalten. Ohne Willy Brandt hätte es keine Ostpolitik gegeben, jedenfalls nicht in dieser Weise und zu diesem Zeitpunkt. Wäre Ende der 60er Jahre ein anderer an die Spitze der SPD gekommen, vielleicht hätte er eher mit Dachlatten auf die APO eingeschlagen, als sich dem Dialog mit der Studentenbewegung zu stellen. Auch der Kniefall im Warschauer Ghetto war nicht geplant. Ganz im Gegenteil: Innenpolitisch gehörte Mut dazu. Nach außen aber hat diese Geste mehr als alles andere dem Glauben an ein neues, republikanisches Deutschland zum Durchbruch verholfen. Der Kniefall hat die damalige Situation nicht bestätigt oder verstärkt, sondern verändert. »Das war wie das Zeichen eines Fremdlings unter den Mächtigen. Es hat den Völkern einen neuen Weg geöffnet.« (Richard von Weizsäcker)

Historische Größe ist mehr als besonders behendes Schwimmen im Strom der Zeit und mehr als das Ausnutzen offenkundiger Spielräume in einer gegebenen Lage. Sie entsteht gerade im Aufbäumen gegen vermeintliche Sachzwänge und angeblich objektive Notwendigkeiten. Sie entsteht dann, wenn jemand die Kraft aufbringt, den Strom anzuhalten oder umzulenken – und sei es nur für kurze Zeit und nur für Zentimeter.

Ohne Brandt wäre die Geschichte der Bundesrepublik Deutschland anders verlaufen. Welche Irrwege wäre die Bonner Republik vielleicht gegangen, welche Polarisierungen hätten sich ohne sein Wirken entwickelt! Brandt hat nicht nur, wie es in den Nachrufen so schön heißt, ein Kapitel der Bundesrepublik mitgeschrieben. Nein, das ganze Buch der deutschen Geschichte seit dem Zweiten Weltkrieg ist durch seine Handschrift geprägt. Er wurde zum Repräsentanten einer Epoche – zum Träger von Ideen und Idealen, die den Gang der Weltpolitik veränderten. Nicht zuletzt deshalb wurde Brandt 1971 mit dem Nobelpreis ausgezeichnet.

Aber Größe entsteht außerdem nicht nur durch besondere politische Anstrengungen, Leistungen und Erfolge. Sie entsteht nicht durch das, was jemand weiß, kann oder geschaffen hat. Sie entsteht vor allem durch das, was jemand ist. Willy Brandt war ein Großer. Aber er konnte ein Großer nur werden, weil sein Leben ihm von Anfang an schwere Prüfungen bescherte.

Jener Großvater, der ihn großgezogen und grundlegend das politische und soziale Bewußtsein des jungen Brandt geformt hat, muß ein talentierter Mensch gewesen sein. Er war nicht nur ein konsequenter Sozialist, der sich mit der Entscheidung seines Enkels, ins Exil zu gehen, als Hitler an die Macht kam, einverstanden erklärte, sondern er verfügte offenbar auch über einen Seelenreichtum, dem Brandt seine große Gabe, die Liebe zum Menschen, verdankt. Die extremen Erfahrungen, als uneheliches Kind im Arbeitermilieu aufzuwachsen, die Herausforderungen des frühen Exils, die Arbeit im Untergrund, die hautnahen Erfahrungen mit der Krise Europas, das Kennenlernen von charakterstarken Menschen, an denen man sich orientieren, von denen man lernen konnte, und schließlich die sich in diesen extremen Lebenssituationen ausbildende Kraft, mit Rückschlägen und Isolation fertig zu werden – dies alles erst schafft den Boden, auf dem große menschliche und historische Persönlichkeiten wachsen können.

Wenn heute so oft geklagt wird, daß uns die Adenauers, Brandts, die Wehners und Strauß fehlen und nur noch Mittelmäßigkeit uns regiert, so ist das einerseits wahr, andererseits aber auch ungerecht. Ein Politiker, der im behüteten Wirtschaftswunderland aufwuchs, konnte nicht über sich hinauswachsen, weil er nie herausgefordert wurde. Nur schwere Zeiten bringen echte Persönlichkeiten hervor. Ohne die schweren menschlichen Prüfungen im Exil hätte Brandt die jahrzehntelangen Verunglimpfungen nicht aushalten können, denen er von rechtsradikaler, aber auch von offizieller konservativer Seite über Jahrzehnte ausgesetzt war. Man scheute nicht davor zurück, ihn als uneheliches Kind mit seinem ursprünglichen Namen Frahm zu diffamieren, seine Widerstandstätigkeit im Exil als »Vaterlandsverrat« zu brandmarken und die Anerkennung der Realitäten in Deutschland, die die Grundlagen für die spätere Wiedervereinigung schuf, als »Verzichtspolitik« zu verunglimpfen. Über Jahrzehnte war der Politiker Brandt einer der meistgehaßten Sozialdemokraten in Deutschland. Eine Elefantenhaut hatte er nicht. Im Gegenteil: Brandt war sensibel. Ihn, der sich nach Harmonie, Verständnis und Zuneigung der Menschen sehnte, schmerzte Ablehnung durch andere. Nach politischen Niederlagen war er zutiefst deprimiert, arbeitete nur noch das Notwendigste und tauchte ins Private ab.

Aber immer wieder fand er die Kraft zur politischen Rückkehr. Im Innersten seiner Persönlichkeit, so hat es sein Freund Klaus Harpprecht einmal beschrieben, bewahrte er sich ein Element der Unverletzlichkeit, eine Unberührbarkeit des Kerns. Die daraus resultierende innere Balance, die angegriffen, aber nicht ausgehebelt werden konnte, ließ ihn auch seine beiden Rücktritte – 1974 als Kanzler und 1987 als Parteivorsitzender – letztlich unbeschadet überstehen. Nach kurzer Zeit schon war er wieder da. Nachdem er die Enttäuschungen hinter sich gelassen hatte, wollte er wieder mitmischen und die Mission seines Lebens fortsetzen, die Welt ein wenig zu verbessern. Notwendig waren seine Rücktritte nicht. Beide Male kamen sie überraschend, beide Male war er nicht dazu aufgefordert worden, beide Male übernahm er politische Verantwortung für Fehlleistungen und Intrigen anderer. Auch darin liegt Größe: sich seine Abgänge nicht diktieren zu lassen, sondern sie selbst zu bestimmen. Sogar mit seinen Rücktritten wird Brandt zum Vorbild.

Seine Kritiker haben ihm vorgeworfen, ein Idealist, ein Romantiker, ein Visionär und Utopist zu sein. Dagegen lobten sie den zupackenden, rationalen Pragmatiker Helmut Schmidt, der nicht um Versöhnung bittend durch die Welt zog, sondern die konkreten Probleme sachkundig anging und löste. Es mag sein, daß Brandt zum tadellosen Erfolg ein wenig die Management-Qualitäten seines Nachfolgers fehlten. Es wäre sicher auch kein Schaden gewesen, wenn er zum Beispiel von der Wirtschaft etwas mehr verstanden hätte. Oft war er zu gutgläubig, zu wenig mißtrauisch.

Es ist kein Zufall, daß auf die Frage nach den prägenden politischen Größen der deutschen Geschichte seit 1871 stets Brandt und selten Schmidt in einem Atemzug mit Bismarck und Adenauer genannt wird. Schmidt war als Kanzler auf der Höhe der Zeit und vermochte es, die gegebenen Spielräume zum politischen Gestalten immer wieder auszuschöpfen. Aber es gelang ihm nicht, seine Zeit zu prägen, sich neben sie zu stellen und zu verändern, den Lauf der Dinge wirklich zu beeinflussen. Deshalb ist und bleibt Helmut Schmidt im Gegensatz zu Willy Brandt ein guter, aber kein großer Kanzler. Das ist keine Herabsetzung, denn es bedeutet schon unendlich viel, den Problemen der Zeit gewachsen zu sein. Das Rad der Geschichte wirkungsvoll nach vorn zu drehen, ist nur wenigen vergönnt.

Aber ist es wirklich wahr, daß Willy Brandt ein romantischer Visionär war? War er wirklich »Willy Wolke«, abgehoben vom politischen Alltag in höheren Sphären verkehrend? Das traf auf Brandt manchmal zu. Primär aber war er ein Intellektueller, was seine Attraktivität für zahllose Schriftsteller, Künstler und Denker erklärt.

»Als ich Außenminister war und dann Kanzler wurde, gehörte es zu meinem fast wöchentlichen Leben, mit einem Kreis zu diskutieren, zu dem Grass und Böll, ein paar hochrangige Wissenschaftler, auch Pädagogen, gehörten. Das hat für beide Seiten einiges gebracht.«

Klaus Sönksen, heute Botschafter in Laos und damals einer seiner engsten Berater, erzählte mir jüngst, daß Brandt die bei Politikern seltene Gabe besaß, Künstlern und Schriftstellern zuzuhören und ihnen klarmachen zu können, daß ihre hehren, oft idealistischen Ziele sich in der Politik nur teilweise verwirklichen lassen, und daß Politik nicht nur auf Zwänge und Opportunität Rücksicht nehmen muß, sondern zunächst einmal Macht, das heißt Mehrheiten braucht. »Ich erinnere mich«, so Sönksen, »noch an das erste Gespräch 1964 im Hause von Günter Grass in Berlin mit Willy Brandt, Fritz Erler, Carlo Schmid, Gustav Heinemann, Adolf Arndt und einigen Vertretern der Gruppe 47. Es ging unter anderem um die Wiederwahl von Bundespräsident Heinrich Lübke. Aufgrund der unterschiedlichen Ausgangspunkte dauerte es mindestens zwei Stunden, bis bei Fisch- und Erbsensuppe etwas zustande kam, was den Namen Dialog verdiente.« Aber immerhin, auch wenn es schwer war: Ein Dialog kam zustande.

Brandt war Intellektueller, aber noch mehr Politiker. Er, einst Arbeiterkind, verstand auch einfache Menschen und hatte sie gern. Er war den Menschen nahe; war jedoch nicht, im platten Sinne von heute, »ein Politiker zum Anfassen«. Er sprach vielen aus dem Herzen, aber niemandem nach dem Munde. Er machte Identifikation möglich, weil er seine eigene Identität behielt: links und frei.

Über die Menschen jedenfalls hat er sich nie erhoben, vielleicht von Zeit zu Zeit über manche Niederungen seiner Partei. Willy Brandt konnte allerdings auch in diesen Niederungen geschickt agieren. Sonst hätte er nicht 23 Jahre Vorsitzender der deutschen Sozialdemokratie sein können und 16 Jahre Präsident der Sozialistischen Internationale. Schon im Exil, zumal im spanischen Bürgerkrieg, wurde er vertraut mit den internen Kämpfen und Intrigen unter denen, die nach außen gern Einigkeit und Solidarität beschwören. Wenn er wollte, konnte er jeder Herausforderung begegnen, wenn es sein mußte, auch mit Schläue und Härte. Ein Engel war er nie, wahrscheinlich hätte er es als Beleidigung aufgefaßt, wenn man ihn als solchen bezeichnet hätte. Nein, er war auch ein Kämpfer, der zum »Holzen« auffordern konnte, wenn es um die Wurst ging. Er konnte zurückschlagen, austeilen und auch verletzen.

Brandt war ein Denker. Immer wieder konnte er zweifeln und zaudern – ein bundesrepublikanischer Hamlet. Seinen eigenen Führungsstil karikierte er einmal selbst als ein »entschiedenes sowohl-als-auch«. Er konnte wunderbar unkonkret sein, ja schwammig und unbestimmt, jede Festlegung vermeidend. Viele Dinge interessierten ihn auch gar nicht, er ließ sie nicht an sich heran, um seine Kräfte nicht an ihnen zu verschwenden.

Brandt war aber auch ein Macher. In entscheidenden Augenblicken, deren Nahen er wie kein anderer erkannte, war er ganz da. Dann wußte er, was er wollte. So war es in der Wahlnacht im Oktober 1969, so war es am Tag der Regierungserklärung, die ein neues, reformerisches Deutschland anstrebte. In der Tat bedeutete Willy Brandts Inauguration als Bundeskanzler einen Wendepunkt in der deutschen Nachkriegsgeschichte. Das bereits in der Großen Koalition mit einem Außenminister Brandt erwachende deutsche Selbstbewußtsein wurde jetzt von Kanzler Brandt konsequent fortgeführt. Im Ausland mehr als im Inland verkörperte Willy Brandt »das andere Deutschland«, das »deutsche Gewissen«, war er Symbol der »demokratischen Tradition« in Deutschland. Zum erstenmal seit 1930 war ein Sozialdemokrat Regierungschef geworden, zum erstenmal in der zwanzigjährigen Geschichte der Bundesrepublik wurde die CDU durch eine SPD/FDP-Regierungskoalition für 13 Jahre in die Opposition gedrängt. Ein Aufbruch zu neuen Ufern und »neuen Grenzen«, nach innen wie nach außen, das waren Willy Brandts Ziele und Visionen. Es waren ähnliche Verheißungen wie jene, die ein Jahrzehnt zuvor John F. Kennedy den Vereinigten Staaten von Amerika auch versprochen hatte.

In dieser Zeit fand ich durch Willy Brandt – wie viele andere auch – zur Sozialdemokratie. »Mehr Demokratie wagen«, das war das Programm, das die aufbegehrenden Studenten – die 68er – zur Bonner Republik zurückfinden ließ. Außenpolitisch sollte ein neuer, offener Dialog mit dem Osten riskiert werden. Die ostpolitische Neuorientierung der Bonner Außenpolitik stand im Vordergrund. Und schließlich die Anerkennung der Grenzen, der Gewaltverzicht, der Versuch der Versöhnung und die Vertiefung menschlicher Kontakte zu kommunistischen Führern – immer mit dem Ziel, das Los der Menschen in der DDR und Osteuropa zu verbessern, das Tren-

nende zu überwinden und damit Chancen der Einheit aufrechtzuerhalten: den Status quo anzuerkennen, um damit die Möglichkeit seiner Überwindung zu schaffen. Die Größe eines Politikers kann man in normalen Zeiten nicht messen. Man kann sie erst dann erkennen, wenn einer oder eine die historische Situation versteht und dann die Chance entschieden nutzt.

So Willy Brandt am 9. November 1989. Da war er dabei, da sprach er davon, daß nun »zusammenwächst, was zusammengehört«. Jetzt erfüllte sich der Kern seiner Ostpolitik: die Überwindung der Teilung seiner Stadt Berlin, seines Landes Deutschland und seines Europa. Dieses Datum markiert das Ziel seines beharrlichen politischen Strebens. Jetzt konnte das Joch der Unfreiheit abgeschüttelt werden, jetzt konnte man Menschen zusammenführen, jetzt konnte man Frieden und Demokratie für Generationen schaffen. Brandt schien plötzlich wieder jung und dynamisch. Im Frühjahr 1990 stürzte er sich in den DDR-Wahlkampf und erlebte im ganzen Land eine Zustimmung wie 1972, als die SPD unter seiner Kanzlerschaft mit 45,8 Prozent das beste Ergebnis in ihrer Geschichte erzielte. Sollte er Präsident eines Deutschen Bundes werden oder gar, wie einige nahelegten, für ein, zwei Jahre noch einmal Bundeskanzler? Mit seiner uneingeschränkten Bejahung und Freude über die gewonnene Einheit, seiner Zustimmung zum Einheitstempo des Kanzlers schien er einige Monate lang in die Rolle eines heimlichen Bundespräsidenten zu schlüpfen, denn Weizsäcker war im DDR-Wahlkampf zur Passivität verurteilt. Auch er, wie Brandt, freute sich über die Einheit. Auch für ihn stellte die osteuropäische Revolution mit ihrer hoffnungsvollen Auswirkung für Deutschland ein Ziel seines politischen Schaffens dar. Aber vielleicht sah er etwas stärker als Brandt auch die neuen Schwierigkeiten und Probleme. Es solle zusammenwachsen, was zusammengehört. Aber es solle »nicht zusammenwuchern«. So Weizsäcker bereits im Dezember 1989.

Brandt schien weitgehend frei von solchen Zweifeln. Er zauderte nicht. Helmut Kohl fand in ihm plötzlich einen Mitstreiter, man bekundete sich gegenseitig Respekt, sogar Sympathie. Da war nichts mehr von Hamlet.

Nein, »Willy Wolke« war er nicht. Vielmehr trifft zu, was Richard von Weizsäcker anläßlich des 75. Geburtstages Willy Brandts bei einem Mittagessen in der Villa Hammerschmidt sagte: »In Ihrer Person haben Sie die Spannung zwischen Macht und Moral aufgehoben. Es gibt keine politische Verantwortung ohne Macht. Moral ohne Macht löst die Probleme nicht. Sie wird zur Ideologie, sie verurteilt, anstatt zu helfen. Macht ohne Moral läuft sich tot, denn sie findet kein Vertrauen. Sie haben Vertrauen gefunden und genutzt.«

Die nachträgliche Geburtstagsfeier am 20. Januar 1989 beim Bundespräsidenten war ein Ereignis besonderer Art. Ich wußte von Brandt, daß er, nicht zuletzt wegen der Vorfälle um seinen Rücktritt zwei Jahre zuvor, kein gesteigertes Interesse an einer größeren Festivität der SPD hatte. Seit 1987 waren sich Richard von Weizsäcker und Willy Brandt, die früher nicht viel miteinander anfangen konnten, nähergekommen. So eröffnete sich nun die konkrete Chance, einen Geburtstag einer großen Persönlichkeit würdig zu feiern, Staatsmänner, Weggefährten und Freunde Willy Brandts einzuladen und eine Demonstration der politischen Kultur in Deutschland durchzuführen. Bis auf wenige Ausnahmen waren die engsten Freunde aus dem In- und Ausland erschienen: François Mitterrand (Frankreich), Mário

Soáres (Portugal), Shimon Perez (Israel), Gro Harlem Brundtland (Norwegen), Mieczyslaw Rakowski (Polen), Ingvar Carlsson (Schweden), Carlos Andres Perez (Venezuela), Bruno Kreisky und Franz Vranitzky (Österreich), aber auch Helmut Kohl, Oskar Lafontaine, Hans-Jochen Vogel und andere.

Die Zusammenkunft wird zu einer Art Versöhnung zwischen Bürgertum und Sozialdemokratie, einer einzigartigen Form von Wiedergutmachung dessen, was große Teile des Bürgertums Brandt durch Ausweisung und Ausgrenzung angetan haben. Die Lebenswege von Weizsäcker und Brandt können verschiedener kaum sein. Weizsäcker wird in einem Seitenflügel des Neuen Schlosses in Stuttgart geboren, als Sprößling einer führenden Familie des deutschen Bürgertums. Sein Vater ist Diplomat und später Staatssekretär unter Ribbentrop. Der Sohn ist vom ersten Kriegstag an Soldat im Infanterieregiment 9, der Elitetruppe der Wehrmacht, der Sammelstelle junger preußischer Adeliger. Willy Brandt indes, sieben Jahre älter, wächst in kleinbürgerlichem Milieu in Lübeck auf, kennt seinen Vater nicht, schließt sich dem linken Flügel der SPD an, flüchtet im Frühjahr 1933 vor den Nazis – mit einem Fischkutter über die Ostsee nach Norwegen. Er arbeitet im skandinavischen Exil, organisiert überall in Europa Widerstand gegen die Nazis, erlebt den spanischen Bürgerkrieg und kehrt als Presseattaché der Norwegischen Militärmission 1946 nach Berlin zurück. Brandt berichtet von den Nürnberger Kriegsverbrecherprozessen, wo Weizsäcker als junger Anwalt seinen Vater im Wilhelmstraßen-Prozeß verteidigen hilft. Der eine geht in die Wirtschaft und die CDU, der andere, in Solidarität mit der Arbeiterklasse verbunden, tritt der SPD bei.

Aber hier, auf dieser Geburtstagsfeier, werden die Unterschiede zwischen dem Großbürger und dem Arbeiterkind überwunden. Als Jürgen Leinemann im *Spiegel* die Annäherung beschreibt, reagiert Weizsäcker bescheiden: der Vergleich ehre ihn.

Vor allem Weizsäckers Art, der deutschen Vergangenheit offen ins Auge zu sehen, hat wiederholt zu Vergleichen zwischen beiden geführt, nicht zuletzt im Ausland. Beide, Weizsäcker wie Brandt, muten ihrer jeweiligen Gefolgschaft, ihrem Lager, gleichermaßen viel zu. Weizsäcker, indem er, etwa in der Rede vom 8. Mai 1985, die Menschen an ihre Verstrickungen, an das Wegschauen und Geschehenlassen erinnert (und sich selbst dabei nicht ausnimmt). Brandt, indem er gegenüber Tätern und Mitläufern Nachsicht walten läßt: »Wir sind nicht zu Helden geboren.«

Wie nur wenig andere hätte Brandt jede Berechtigung der Welt gehabt, sich über die unzähligen Deutschen zu erheben, die dem Dritten Reich den Weg bereiteten, es stützten oder sogar lenkten. Er hatte nichts damit zu tun, er hatte das Unrecht frühzeitig gesehen, war geflohen und hatte unter großen Risiken für Leib und Leben dagegen gekämpft. Aber Brandt hielt sich nicht für besser, verharrte nicht in einer Sonderstellung. Im Gegenteil, er verknüpfte sein Leben ganz bewußt mit der Mehrheit der Deutschen. Das wurde auch deutlich am 7. Dezember 1970, beim Kniefall im Warschauer Ghetto. Gunter Hofmann hat dazu in der *Zeit* treffend ausgeführt: »Es war nicht Brandt, der aus persönlicher Schuld hätte um Verzeihung bitten müssen. Der Kniefall drückte vielmehr genau sein Argument von einer kollektiven Verantwortung der Deutschen für die Verbrechen der Vergangenheit aus. Und das, so Brandt, mußte eben selbst für jemanden gelten, der von draußen gegen die Vernichtungspolitik in Europa gekämpft hatte. Keiner war freigesprochen. Auch er nicht.«

Nicht wenige, zumal im konservativen Lager, haben Brandt die damalige Geste verübelt. Bis heute hört man die Argumente, seit der Wiedervereinigung verstärkt: Endlich müsse doch Schluß sein mit den Büßergesten, man könne nicht dauernd in Sack und Asche herumlaufen, endlich müsse ein Schlußstrich unter die Geschichte gezogen werden, schließlich seien wir ein normales Volk wie jedes andere auch. Als Chance wurde Brandts Geste nur auf der Linken begriffen, und je stärker das Ausland sie würdigte, desto stärker wuchs die Neigung nicht weniger Deutscher, Ablehnung zu zeigen. In Wahrheit aber hat der Kniefall im Ghetto mehr für die »Bewältigung« der Vergangenheit getan, dem Ruf Deutschlands mehr genutzt als das gesammelte Selbstlob auf die gelungenen Jahre des Modells Bundesrepublik zusammen. Die Geste in Warschau hat für das »Normalsein« der Deutschen mehr getan als die Addition aller verzweifelten rhetorischen Normalitätsbekundungen. Bis heute dauern die Beschwörungen deutscher Normalität an, seit 1989 haben sie zugenommen. Aber hat, wer normal ist, es nötig, dauernd darüber zu sprechen?

Polarisierend wie der Kniefall am Mahnmal des Ghettos wirkte auch die Ostpolitik Willy Brandts. War da nicht ein Geistesverwandter der Kommunisten am Werk, der große Teile Deutschlands an Polen, Rußland und die SED verschenken wollte? Wahrlich nicht. Mehr als alles andere diente Brandts Ostpolitik der Stabilisierung des Friedens in Europa in einer Zeit des Kalten Krieges. Sie ermöglichte es den Deutschen, ein Stück ihrer Souveränität zurückzugewinnen und international handlungsfähig zu bleiben. Die von Willy Brandt und Egon Bahr entworfene Politik des *Wandels durch Annäherung* trug entscheidend dazu bei, die Grundsatz- und Rechtsprobleme, die jeder Veränderung der Lage im Wege standen, kleiner zu schreiben. Vor allem aber setzte sie einen stetig fortschreitenden Prozeß der *Europäisierung der Sowjetunion* und *Finnlandisierung Osteuropas* in Gang, der 1975 zur KSZE-Schlußakte von Helsinki führte und im Mai 1989 in der Öffnung des Eisernen Vorhanges durch den ungarischen Ministerpräsidenten Miklos Nemeth kulminierte. *Wandel durch Annäherung,* diese klassische außenpolitische Maxime der Ära Brandt sollte den allmählichen Wandel zur Freiheit im Osten einläuten und wie schleichendes Gift für den Kommunismus wirken.

In den Vordergrund rückte die Politik der kleinen Schritte. Sie schaffte immer mehr Kontakt- und Reisemöglichkeiten und begünstigte die Zusammenarbeit auf den unterschiedlichsten Gebieten. Brandts Ost- und Westverträge bahnten den Weg zur Entspannung in Europa und förderten vor allem die Menschenrechtsidee in der Sowjetunion und Osteuropa. Das hatte nichts mit Anbiederung zu tun oder Verwischung der Systemgegensätze. Das war nicht Unempfindlichkeit gegenüber Menschenrechtsverletzungen und Schüssen an der Mauer. Das war nicht Verkennung des totalitären Charakters des sowjetischen Systems und der davon ausgehenden Bedrohung der Freiheit. Es war vielmehr ein kluges Manöver, die Erfordernisse der Friedenspolitik im Zeitalter der Nuklearwaffen mit dem zentralen Anliegen aller friedliebenden Menschen zu verbinden.

Manche im Ostblock haben frühzeitig die potentielle Gefahr dieser Politik für das kommunistische Machtgefüge kommen sehen. DDR-Außenminister Otto Winzer zum Beispiel bezeichnete die Formel *Wandel durch Annäherung* als eine »Aggression auf Filzlatschen«. Auch das Politbüromitglied für Auswärtige Beziehungen, Hermann Axen, war dieser Meinung. Zwischen 1990 und 1991 hatte ich verschiedene Male Gelegenheit, mit Axen über diese Zeit zu sprechen. »Willy Brandts Kurs in der Ostpolitik habe ich sehr wohl durchschaut. Das grundlegende Element der Ostpolitik Brandts und Bahrs war für mich der Tatbestand, daß erst einmal Schluß war mit dem permanenten Bonner Revanchismus gegen die Sowjetunion, und daß keine territorialen Forderungen gestellt wurden, was einer De-facto-Anerkennung des Status quo gleichkam.« Brandt sei aber von Anfang an auf Wiedervereinigung fixiert gewesen, allerdings auf intelligentere Weise als Kurt Schumacher. Die Politik *Wandel durch Annäherung* habe auf eine langsame Durchdringung der DDR gesetzt. Dagegen habe die CDU damals nicht verstanden, daß gerade »in der Anerkennung des Status quo die Gefahr seiner Überwindung lag«. Die Führung der DDR dagegen hatte sehr früh begriffen, welche Bedrohung für den Fortbestand der DDR in Brandts Strategie lag. In der Tat dürften die Willy-Brandt-Rufe am 19. März 1970 beim Treffen Brandt/Stoph in Erfurt mehr zur Destabilisierung der DDR beigetragen haben als die Hallstein-Doktrin.

Während die Konservativen in Pankow in der Ostpolitik eine Gefahr für die Existenz der DDR sahen, betrachteten die Konservativen in Bonn sie als Gefahr für die deutsche Einheit. Die Debatte um die Ostverträge, den Grundlagenvertrag mit der DDR und die KSZE-Schlußakte spaltete die Deutschen wie kaum ein anderes Thema. War Willy Brandt nicht dabei, Westbindung aufzugeben, neue Schaukelpolitik zu betreiben und vor den Genossen im Kreml klein beizugeben?

Mit der Wahrheit hatte das nichts zu tun. Brandt hatte seit seiner Zeit als Regierender Bürgermeister stets ein enges Verhältnis zu den westlichen Schutzmächten. Die Vereinigten Staaten von Amerika, Großbritannien, vor allem aber auch Frankreich waren ihm stets sehr nahe gewesen. Seine Ostpolitik trat nicht an die Stelle der Westpolitik, sondern ergänzte sie. Er baute bewußt auf dem auf, was Adenauer geschaffen hatte, und benutzte gerade die feste Verankerung der Bundesrepublik im westlichen Bündnis und der Europäischen Gemeinschaft, um schrittweise sein ostpolitisches Konzept umzusetzen. Er versuchte nicht, die Bonner Republik vom Westen zu lösen, vielmehr den Westen in seinem Sinne zu beeinflussen. Anfangs wurde in den westlichen Hauptstädten der neue Kurs mit Fragezeichen versehen, die allerdings schon bald verschwanden: Brandts Politik wurde akzeptiert und in das westliche Entspannungskonzept eingebunden.

Das Verhältnis zu den USA wurde zwar weiterhin als der maßgebliche Faktor westdeutscher Außenpolitik angesehen, zunehmend aber unter dem Aspekt eines neugewonnenen Spielraums zugunsten einer deutsch-amerikanischen ostpolitischen Koalition. So kam diesem Wandel sowohl große internationale als auch nationale Bedeutung zu: Willy Brandt übernahm die Regierungsverantwortung zur gleichen Zeit wie Richard Nixon, als die »Ära der Verhandlungen« und die »Ära der Détente« anbrachen. Die Bundesrepublik war aufgrund ihrer zentralen Lage im Brennpunkt des Ost-West-Konflikts. Denn die Deutschen suchten ihre Ostbeziehungen so umfassend neu zu ordnen, daß auch das Verhältnis zur DDR regelbar wurde. Dazu brauchten sie aber die westliche Absicherung. Die Vereinigten Staaten wollten die Ost-West-Beziehungen so arrangieren, daß ihren Allianzen neue und politisch durchsetzbare Funktionen zuwachsen sollten; dabei brauchten sie aber vor allem den Konsens der Bundesrepublik. Anfänglich trat zwar ein beidseitiger Argwohn ein. Dann aber funktionierte die Koordination der ostpolitischen Bewegungen

Washingtons und Bonns mit bemerkenswerter Gleichläufigkeit. Washington wie Bonn gewannen beachtliche außenpolitische Handlungsfreiheit, Washington im Sinne seiner neuen globalen Politik, die Bundesrepublik in Europa.

Das neue amerikanische globalstrategische Entspannungskonzept sah folgendermaßen aus: Wie Franklin D. Roosevelt in den 40er Jahren die nationalsozialistische Politik mit Hilfe Stalins und die totalitäre Politik der Sowjets mit Hilfe Churchills eindämmte, so strebten in den 70er Jahren auch Nixon und Kissinger eine Eindämmung der Russen mit Hilfe der Chinesen an, die durch entspannte Beziehungen zu beiden Staaten ermöglicht werden konnte. Die Eindämmung geopolitischer Expansionsgelüste der Sowjetunion konnte nur durch eine Veränderung des nationalen Verhaltens Moskaus erreicht werden. Und dieses wiederum konnte nur durch eine Entspannungspolitik erfolgen, die für beide Großen von Nutzen war. Nixons und Kissingers grandiose Kombination einer neuen Asien- und Ost-West-Doktrin als globale Entspannungsstrategie setzte schließlich die Politik der Eindämmung mit anderen Mitteln fort.

Das neue deutsche Entspannungskonzept war freilich bescheidener angelegt: Konrad Adenauer hatte in den 50er Jahren die neutralistischen, sozialdemokratischen und rechtsreaktionären Strömungen in der Bundesrepublik mit Hilfe von Einschwörungsparolen auf die deutsche Wiedervereinigung am Tage X und diesbezüglichen Befürchtungen der westlichen Verbündeten hinsichtlich der Realisierung eines deutsch-deutschen Strebens mittels einer absoluten Loyalität zur Allianz abgeschwächt. Ebenso verfolgten in den 70er Jahren Brandt und Scheel das Ziel, diejenigen unbelehrbaren Kräfte innerhalb der CDU, die gegen jegliche Konzessionsbereitschaft gegenüber dem Osten und erst recht gegenüber der DDR polemisierten und, da noch kein Friedensvertrag unterzeichnet war, eine vermeintliche Gültigkeit der deutschen Grenzen von 1937 postulierten, mit Hilfe der Amerikaner einzudämmen, um die Bonner Ostpolitik durch entspannte Beziehungen zu beiden Großmächten zu ermöglichen. Brandts und Scheels deutsch-amerikanische Kombination einer neuen Ostpolitik als europäische Entspannungsstrategie schuf für die Bundesrepublik einen unabhängigeren außen-politischen Rahmen, in dem zum erstenmal nach dem Krieg deutsch-deutsche Beziehungen nicht nur aufgenommen, sondern auch von deutschen Akteuren mit politischen Inhalten gefüllt werden konnten. Von nun an lautete die Parole zur neuen Deutschlandpolitik: »Da Entspannung die Grundlage für jeden Fortschritt in der deutschen Frage ist, sind wir zu einseitigen Zugeständnissen bereit, um diese Voraussetzung zu schaffen, und sind damit einverstanden, daß die Lösung der deutschen Frage einer späteren Zeit vorbehalten sein muß.« Die alte Verknüpfung von Rüstungskontrollverhandlungen und Wiedervereinigung wurde in der Brandt-Ära zugunsten einer ostpolitischen Pragmatisierung endgültig aufgegeben. Die Verabschiedung der Ostverträge sowie des Viermächteabkommens über West-Berlin 1972 bildet einen Höhepunkt in der Geschichte der Bundesrepublik.

Freilich war Brandts ostpolitischer Enthusiasmus in Washington zunächst nicht ohne Argwohn beobachtet worden. Während der Kanzler und der Präsident recht gut miteinander auskamen, machte sich der Deutschlandkenner Henry Kissinger über die langfristigen Folgen der Ostpolitik Sorgen: Kissinger sah die Gefahr einer neuen Rapallo-Politik am Horizont heraufziehen.

Nichtsdestoweniger fand die sozialliberale Koalition die notwendige Unterstützung von amerikanischer Seite, um ihren ostpolitischen Kurs durchzusetzen. Als Willy Brandt am 5. Juli 1972 bei der Gedenkfeier des 25. Jahrestages des Marshallplans eine Rede an der Harvard-Universität hielt, waren das Berlin-Abkommen und die Ostverträge, aber auch die amerikanisch-sowjetischen SALT-Vereinbarungen bereits unterschrieben, und der NATO-Ministerrat hatte sich über die nächsten Schritte in der Frage der KSZE und der MBFR geeinigt. Die deutsch-amerikanischen Beziehungen waren in der Ära Brandt durch eine paradoxe Harmonie gekennzeichnet. Während die Natur ihrer Gemüter und die Verschiedenheit ihres ideologischen Temperaments ein gutes Miteinander-Auskommen nicht hätten erlauben dürfen, verband den Republikaner Nixon und den Sozialdemokraten Brandt eine gemeinsame politische Schicksalsparallelität: Beide sahen sich dazu berufen, einen historischen Auftrag zu erfüllen. Nixon formulierte und praktizierte die Ansätze für »ein Jahrhundert des Friedens«, beendete erstmals das Zeitalter der bipolaren Konfrontation, des Kalten Krieges, und eröffnete eine Ära der Verhandlungen mit der Sowjetunion und China, eine Ära des gleichberechtigten Nebeneinanders und der Entspannung. Brandt verhalf sein Charisma dazu, den Versuch zu wagen, historisch soviel wiedergutzumachen, wie politisch durchsetzbar war. Der Abschluß der Ostverträge bedeutete einen wichtigen deutschen Schritt zu innereuropäischer Entspannung, eröffnete die Möglichkeit zu einem konstruktiven deutsch-deutschen Dialog, löste eine seit dem Zweiten Weltkrieg fällige Verpflichtung Deutschlands gegenüber Polen und der UdSSR ein.

Ohne Zweifel galt Brandts Ostpolitik dem Ziel, langfristig im Rahmen einer europäischen Sicherheitsarchitektur die Teilung von Stadt, Land und Kontinent zu überwinden. Zwar ist wahr, daß Brandt die Wiedervereinigung wiederholt als »Lebenslüge« der Bundesrepublik bezeichnet hat, doch bezog er sich dabei in erster Linie auf die Behauptung, nur die Politik der Stärke gegenüber der »Zone« könne den Wandel bewirken. Brandt dagegen glaubte fest daran, eine Vereinigung auf andere Weise zu ermöglichen – doch selbst er wurde durch die Ereignisse im November 1989 und den darauf folgenden rasanten Einigungsprozeß überrascht.

In der Tat konnte sich Willy Brandt bestätigt fühlen: Die Entspannungspolitik der 70er Jahre hatte den Boden für Perestroika und Glasnost der 80er Jahre bereitet, welche wiederum zur osteuropäischen Revolution führten. Aber für Brandt bedeutete »Neuvereinigung« in erster Linie die Freiheit der Menschen, die endlich wieder wählen und reisen konnten, wie sie wollten.

Wer heute versucht, den Eindruck zu vermitteln, die staatliche Wiedervereinigung Deutschlands sei das Hauptziel seines politischen Wirkens überhaupt gewesen, der irrt. Wer gar aus Brandt einen Deutschnationalen macht, der vergeht sich an seinem Erbe. Als Patriot, als der er sich stets und gern bezeichnete, ging es ihm um sein Land. Das ist richtig. Er hat aber frühzeitig erkannt, daß es kein nationales Interesse Deutschlands neben oder gar gegen seine europäischen Nachbarn geben kann. Das europäische Dach war für ihn stets lebensnotwendig, und er bejahte aus ganzem Herzen Westbindung und europäische Integration. Er strebte niemals einen deutschen Sonderweg an. Und er wäre nie bereit gewesen, die Freiheit zu riskieren, um die Einheit zu gewinnen. Mindestens ebenso stark, wie er Deutscher war, fühlte er sich auch als Europäer. Dies zeigt schon sein Lebensweg. Die Ausprägungen der skandinavischen Demokratie mit ihrem verfeinerten Gespür für Maß und Mitte, für reformerisches, liberales Denken haben ihn stark beeinflußt. Auch die Aufenthalte in Frankreich und in Spanien haben Spuren in seinem Denken hinterlassen, die es ihm geradezu unmöglich machten, sich fortan in erster Linie deutsch zu definieren. Brandt war in mehreren Ländern zu Hause – im wahrsten Sinne des Wortes und des Denkens ein Europäer. Der französische Präsident François Mitterrand sagte über seinen sozialdemokratischen Freund anläßlich dessen 75. Geburtstags in der Villa Hammerschmidt: »Sie, Willy Brandt, Sie haben dem Europa von morgen einen ersten Inhalt gegeben, diesem Europa, das nur werden wird, wenn es das Europa von heute nicht verneint und auch nicht verleugnet. Sie waren, ich wiederhole es, diesem Jahrhundert voraus. Kann man dies von vielen politisch Verantwortlichen einer Generation sagen?«

Trotz seines europäischen Denkens und Handelns bekannte Brandt sich zu Deutschland, auch wenn er immer etwas Spott für manche Überstrapazierung deutscher Tugenden übrig hatte und kleinbürgerliches Spießertum zutiefst verabscheute. Viele Deutsche haben ihm übelgenommen, daß er nach dem Krieg Deutschland als Norweger betrat. Aber zeigte nicht gerade der bewußte Wechsel der Staatsbürgerschaft zurück zum Deutschen, daß Brandt hier und nirgendwo sonst seine Aufgabe sah? Deutschland in die europäische Balance zu bringen, von Deutschland aus endlich dazu beizutragen, die Zeiten der Bruderkriege auf dem Kontinent zu überwinden – das war sein Ziel. Nicht aber: Deutschland zu neuer Größe und Pracht zu führen, Preußens Gloria mit Leben zu erfüllen und großdeutschen Träumen nachzuhängen. Solche Ideen, die ihm in der Jugend durchaus verführerisch erschienen, hatte ihm – so räumte er einmal ein – Bruno Kreisky frühzeitig gründlich ausgetrieben. Willy Brandt hat die sogenannte »nationale Frage« für sich dadurch beantwortet, daß er sie in einen unauflöslichen Zusammenhang zum europäischen Denken brachte. Wer die bestimmende europäische Dimension der Politik des deutschen Patrioten Brandt gering bewertet, der deutet Brandts politische Konzeption nachträglich und unzulässig um.

Willy Brandt, verankert in Deutschland und Europa, war auch politischer Weltbürger. Die Belange armer Völker oder politisch Verfolgter in autoritären Regimen ließen Brandt nicht kalt. Er hatte am eigenen Leib gespürt, was es heißt, politisch verfolgt zu sein. Als Vorsitzender der Sozialistischen Internationale konnte er Griechenland, Spanien und Portugal auf dem Weg zur Demokratie unterstützen. Überall auf der Welt half er unzähligen Sozialisten und Sozialdemokraten, die in Not waren. Sein engster politischer Freund, Bruno Kreisky, würdigte Brandts Lebenswerk im Januar 1989 mit den Worten: »Und es wurde ihm auch ganz zu Recht vor einigen Jahren nicht nur der Nobelpreis übergeben, sein Werk wurde auch gekrönt mit der Wahl zum Präsidenten der Sozialistischen Internationale. Es war das für uns eine große Befriedigung, daß ein Deutscher, vor dem die Welt sich nicht fürchtete und nicht fürchten mußte, zu dieser Aufgabe berufen wurde. Auch in dieser Eigenschaft hat er sich einen weltweiten Namen gemacht.«

Früher als die meisten anderen erkannte Brandt die dramatischen Herausforderungen durch Armut und Umweltzerstörung in der Dritten Welt. Als Chef der Nord-Süd-Kommission gelangte er gerade in den jungen Staaten der südlichen Hemisphäre zu hohem Ansehen. Wären die führenden Mächte der Welt seinen

Vorschlägen gefolgt – es stünde heute besser um den Planeten. Wer kümmert sich denn noch ernsthaft – seit Brandt nicht mehr da ist – um den Nord-Süd-Dialog?

Im Rahmen der Sozialistischen Internationale setzte er sich immer wieder für Menschenrechte auf der Welt ein: Er kämpfte gegen die Apartheid in Südafrika, gegen die Diktatur Pinochets in Chile und gegen die Unterdrückung in kommunistisch regierten Ländern. Trotzdem warfen ihm ehemalige Oppositionelle aus der Sowjetunion und Osteuropa vor, zu freundlich mit den dortigen Regierungen gewesen zu sein und den Widerstand nicht genügend gewürdigt zu haben. Solche Vorwürfe trafen Brandt sehr. Es war nicht Indifferenz, sondern Einsicht in die weltpolitischen Realitäten, die ihn das Gespräch mit den Machthabern suchen ließ. Ich hatte mehrfach Gelegenheit, mit Willy Brandt über diese Frage zu sprechen. Gerade in diesen Gesprächen erkannte ich, daß in ihm die Fähigkeit lag, das Machbare zu erkennen. Moralischer Rigorismus ohne die Chance, wirkliche Veränderungen in den Machtstrukturen zu bewirken – das war nicht seine Welt.

Sein Engagement nicht nur für abstrakte Menschenrechte, sondern für Menschen in bedrohlichen Situationen, haben meine Eltern und ich am eigenen Leib erleben können. Im April 1967, ich war gerade zehn Jahre alt, rollten Panzer in den Straßen von Athen. Das Militär putschte gegen die Demokratie. Mein Vater war mit dem Journalisten Thilo Koch und einem Fernsehteam in Athen, wo er als Freund des Demokraten Georg Papandreou bekannt ist. Meine Mutter und ich daheim in Bonn haben Angst. Das Telefon klingelt. Es ist mein Vater, der uns in knappen Sätzen mitteilt, daß die Militärjunta ihn jage. Er versteckt sich und findet schließlich in der Deutschen Botschaft Zuflucht. Für uns beginnt eine Zeit endlosen Wartens. Meine Mutter wird ständig bedroht, ich mit Polizeischutz in die Schule gefahren. Der griechische Geheimdienst droht mit Tod und Folter für meinen Vater.

Als die Militärjunta ihren Außenminister zur Beerdigung Konrad Adenauers nach Bonn entsendet, wird er reserviert empfangen. Außenminister Willy Brandt setzt sich in aller Deutlichkeit für meinen Vater ein: »Sollten diesem Journalisten, der bei uns einen guten Ruf genießt, unvorhergesehene Dinge zustoßen, bliebe das nicht ohne Rückwirkungen.«

Für Brandt spielte es keine Rolle, ob ein bundesdeutscher Bürger oder ein Ausländer in Gefahr geriet. Er wußte aus eigener Erfahrung, was Diktatur und Widerstand bedeuten. Vor allem sein Engagement war es, das meine Mutter und mich davor bewahrte, in tiefe Verzweiflung zu versinken. Denn auf die persönliche Initiative Brandts hin wird der deutsche Botschafter in Athen angewiesen, meinem Vater in der Botschaft Asyl zu gewähren und für eine freie Ausreise nach Deutschland zu sorgen. Obwohl in hoher Position, nimmt er sich doch entschieden eines Einzelschicksals an. Willy Brandt und Basil Mathiopoulos kannten sich schon vor 1967. In den Jahren danach wird Freundschaft entstehen.

Auch ich erlebe Brandt oft, wenn er bei uns zu Hause ist. Als er mich im März 1987 fragte, ob ich bereit sei, Pressesprecherin der SPD zu werden, war die Antwort für mich klar. Wie konnte ich Brandt nein sagen! Für jeden jungen Menschen ist es eine einmalige Chance, für eine historische Persönlichkeit wie Willy Brandt arbeiten zu dürfen.

»Sie haben ihn alle beim Vornamen genannt, die Alten wie die ganz Jungen, weil er Vater war im besten Sinne. Ein Vater, den sie verehrten und den viele liebten, nicht nur die Anhänger seiner Partei. Bei welchem Politiker sonst würde man es wagen, von Liebe zu sprechen? Wo sonst hat es das gegeben in einem westlichen Land, daß Hunderttausende auf die Straßen gingen, um den Sturz eines Politikers zu verhindern? Daß Arbeitnehmer die Arbeit niederlegten und Intellektuelle das Megaphon in die Hand nahmen, um den Bundeskanzler zu stützen? Das war kein austauschbarer Politiker, der da 1972 gestürzt werden sollte. Auf der Kippe stand die Hoffnung. Die Hoffnung auf ein friedliches Miteinander von Ost und West. Die Hoffnung auf mehr Demokratie. Die Hoffnung, daß Deutsche wieder aufrecht gehen können, weil sie sich ihrer Geschichte stellen.« (Gerhard Schröder)

Ich hoffe und wünsche, daß die Prägungen, die die Bonner Republik Willy Brandt verdankt, von Dauer sein mögen. Ganz sicher kann man nicht mehr sein. Brandt ist unersetzlich. Sein Leben und Wirken ist Teil der europäischen Geschichte des 20. Jahrhunderts. Auch das macht Größe aus.

Margarita Mathiopoulos — Bonn/Hannover im Juli 1993

Willy Brandt

Zeuge des Jahrhunderts

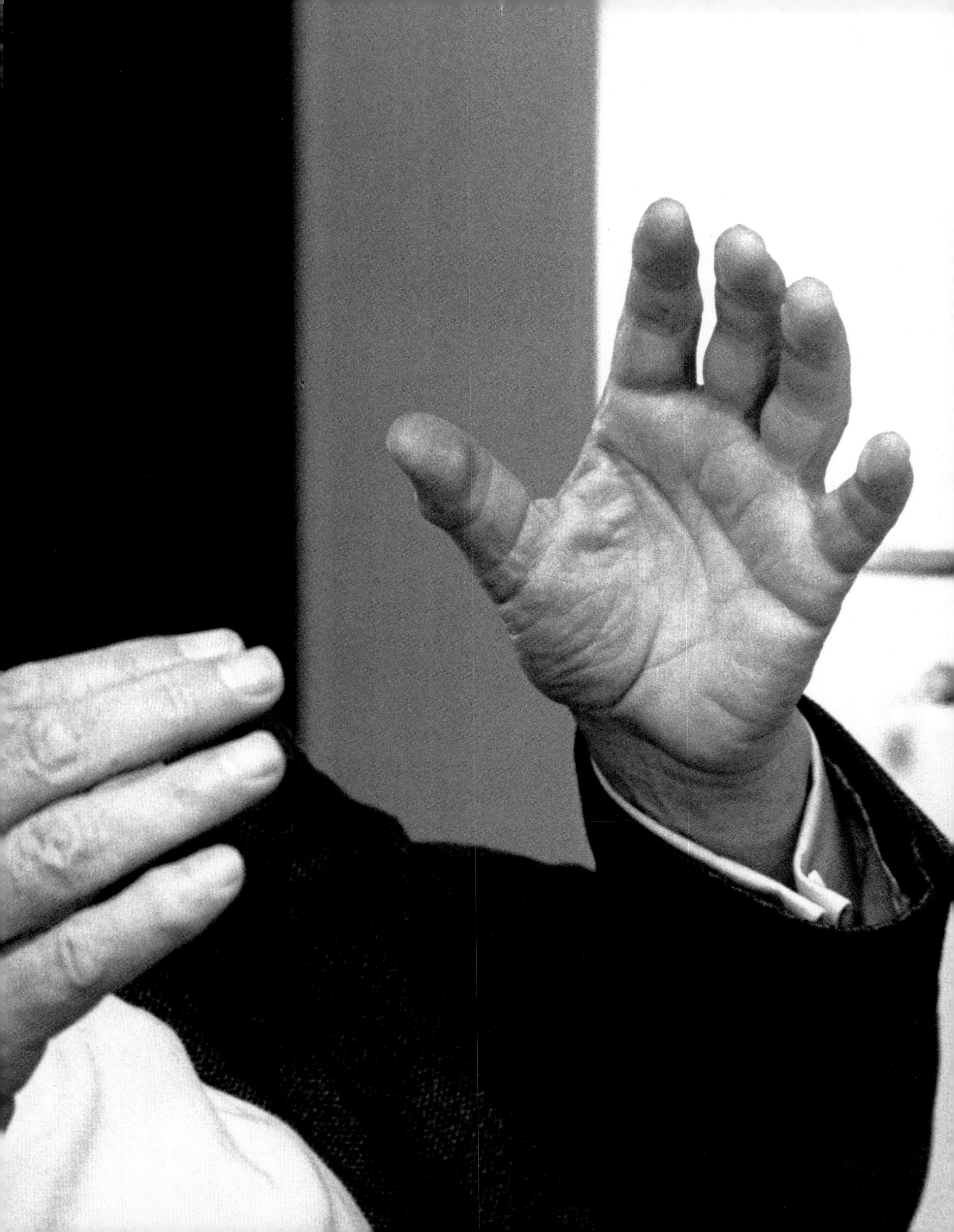

I

*»Wieder-
vereinigung durch
Wandel«*

Der Berlin- und Deutschlandpolitiker

Berlin

Der Regierende Bürgermeister Willy Brandt. Im Hintergrund das Brandenburger Tor

Pulverfaß Berlin

Der Regierende Bürgermeister von West-Berlin, Willy Brandt, im Rathaus Schöneberg während eines Gesprächs mit dem türkischen Journalisten der Tageszeitung »Adalet« und heutigen Vorsitzenden des freiheitlich deutsch-türkischen Freundschaftsvereins »Hür-Türk«, Nihat Ülkekul, der einen Beitrag zur Serie »Pulverfaß Berlin« schrieb. September 1961

Lichtblicke deutscher Nachkriegspolitik

»Ein gediegener schwäbischer Demokrat, Schüler von Friedrich Naumann, manchmal wie Wachs in Adenauers Händen, dabei ein durchgeistigter und würdevoller Repräsentant unseres jungen Staatswesens; er wurde mir ein liebevoller väterlicher Freund.«

Willy Brandt, Regierender Bürgermeister von Berlin, im Gespräch mit Bundespräsident Professor Theodor Heuss im Bundespräsidialamt am 11. März 1959, wenige Monate vor dem Ende von Heuss' Amtszeit

Willy Brandt im Zentrum
der Berlin-Politik

Berlin-Besuch des amerikanischen Präsidenten John F. Kennedy im Juni 1963. Stadtrundfahrt Brandts mit Kennedy und Bundeskanzler Konrad Adenauer

Gardinenpredigt

»Spiegel«-Chefredakteur Günter Gaus, später Ständiger Vertreter der Bundesrepublik in Ost-Berlin, debattiert mit Außenminister Brandt in den im Mai 1969 bezogenen Bonner Redaktionsräumen des Hamburger Nachrichtenmagazins

Gezielte Griffe –
Initiatoren der Ostpolitik

Willy Brandt mit seinen Emissären Egon Bahr und Rüdiger von Wechmar im Arbeitszimmer des Kanzlers, Januar 1970

Fenster nach Osten schaffen...

Willy Brandt und Walter Scheel

Erste Gehversuche auf dem innerdeutschen Parkett

Willy Brandt empfängt den Vorsitzenden des DDR-Ministerrates, Willi Stoph, im Mai 1970 im Kasseler Hotel »Wilhelmshöhe«

»... die Hoffnung, ... trotz aller Meinungsverschiedenheiten in grundsätzlichen und in praktischen Fragen Fortschritte zu erzielen.«

Erklärung von Willy Brandt in Kassel am 21. Mai 1970

Schritte in die richtige Richtung – Willy Brandt und Willi Stoph in Erfurt im März 1970

Innerdeutsches Fensterln zur Entkrampfung des Verhältnisses der beiden Staaten in Deutschland

Willy Brandt am Fenster des Erfurter Hofs anläßlich des innerdeutschen Gipfeltreffens in Erfurt am 19. März 1970

Menschenkette gegen Menschlichkeit

SELBSTBEDIENUNG

Die Revanchisten stehen im Regen

Widerstand gegen die Deutschland- und Ostpolitik der Regierung Brandt/Scheel

Blick zurück im Zorn

Die Vertriebenenverbände blasen zum Sturm gegen die Ostverträge der Regierung Brandt im Mai 1970 auf dem Bonner Marktplatz

» ... gegen beträchtlichen Widerstand und viel Unvernunft ...«

Willy Brandt und Walter Scheel führten kräftezehrende Kämpfe für eine aktive Rolle Deutschlands im Ost-West-Dialog

MIT
BRANDT & WEHNER
WIRD
DEUTSCHLAND
KLEENER
Ostverträge
sind
ungültig von
Anfang an
...immer daran denken
niemals
deutsches Land
gegen den Nobelpreis
verschenken

Gruppenbild mit Spion

Im Salonwagen Willy Brandts auf der Zugreise nach Berlin im Juni 1972 gesellt sich Günter Guillaume zu den Vertrauten Brandts und den journalistischen Begleitern.
Von links: J. H. Darchinger – Fotograf aus Bonn –, Günter Guillaume, Günter Kuppe, SPD-Reisemanager von Brandt, Peter Reuschenbach, damals persönlicher Referent von Brandt und heutiger OB von Essen, Jochen Schulz, SPD-Pressesprecher, und Holger Quinny, Journalist aus Bonn

Agentenvater

Begegnung von Willy Brandt und Erich Honecker im Bonner Hotel Bristol anläßlich des offiziellen Empfangs Honeckers durch die Regierung Kohl im September 1987

»Zehn Jahre später – zum erstenmal seit Erfurt habe ich meinen Fuß auf DDR-Boden gesetzt – treffe ich Erich Honecker. Das Gespräch hat aktuelle Inhalte, doch bin ich auf eine Bemerkung in eigener Sache gefaßt. Und richtig. Der Staatsratsvorsitzende legt eine Pause ein, setzt eine feierliche Miene auf und holt tief Luft, während ich in mich hineinlache: Solche Geschichten erfahre auch er erst aus der Zeitung. ›Ein Wort‹ möchte er hinzufügen dürfen: Er sei damals Vorsitzender des Verteidigungsrats gewesen und habe, als es passiert sei, ›unsere Leute‹ sehr getadelt. Durch seine Hand sei übrigens nie ein NATO-Dokument gegangen, und hätte er davon gewußt, würde er gesagt haben: ›Weg mit dem Mann!‹ Wie immer das einzuordnen war, es führte aus dem Verwirrspiel heraus, das ein Zwischenträger unter Berufung oder gar auf Veranlassung von Honecker aufzuführen gesucht hatte: ›Es waren nicht wir, sondern die Russen.‹«

Willy Brandt in seinen »Erinnerungen«

Innerdeutsche Streicheleinheiten

Ibrahim Böhme, Markus Meckel und Angelika Barbe gratulieren Willy Brandt zur Wahl zum Ehrenvorsitzenden der SPD/Ost auf dem Leipziger Parteitag im Februar 1990

1946-1989→
DIE SED HATTE
IHRE CHANCE
SPD

»Es hat lange gedauert, bis wir dort standen, wo wir heute stehen, und ich verstehe wohl, daß die Geduld unserer Landsleute in der DDR auf eine harte Probe gestellt wurde. Doch ich denke, was zählt, ist der Ausgang eines harten Ringens. Nun, nahe am Ziel eines dornenreichen und opfervollen Weges, sollten wir uns kleinlichem Gezänke nicht hingeben. Wer der Einheit dienen will, darf nicht neue Zwietracht säen.«

SPD-Wahlkampf in der DDR –
Willy Brandt spricht in Erfurt
am 3. März 1990

»Es ist bitter notwendig, neue realistische Hoffnung zu begründen, denn wir wollen nicht, daß auf chaotische Weise die Wiedervereinigung darauf hinausläuft, daß wir uns alle in Westdeutschland wiederfinden. Vereinigung muß doch bedeuten, daß die deutschen Landschaften, die heute zu Deutschland gehören, die Menschen, die dort leben, aus ihrer jeweiligen Heimat heraus das Gemeinsame mittragen und mitgestalten.«

Willy Brandt in seiner Rede vor 50000 Zuhörern auf einer Kundgebung der SPD im thüringischen Eisenach am 27. Januar 1990, gemeinsam mit Ibrahim Böhme

»Abbau der widernatürlichen Zerklüftung«

»... ich empfinde mich in diesen Wochen, wenn ich in verschiedenen Städten der DDR spreche, nicht in erster Linie als Parteimann, sondern als Deutscher aus dem deutschen Westen, der über Parteigrenzen hinweg ... seinen guten Willen bekundet, seine Verbundenheit, und der seinen Rat anbietet für die Zeit, die jetzt noch folgt.«

Rede in Erfurt, 3. März 1990

II

»...um den Frieden sicherer zu machen.«

Der westliche Wegbereiter der Ostpolitik

Schriftwechsel

Willy Brandt mit Staatsminister Klaus Schütz im Auswärtigen Amt im Dezember 1966

Außenpolitische Morgenandacht

»Es hatte auch seine Vorteile, als Politik in sorgsamer Analyse und ruhiger Korrespondenz, statt in aufgeregten Konferenzen mit aufgeplusterten Stäben geführt wurde... Ich hatte das Glück, mit tüchtigen, zum Teil sehr guten Mitarbeitern ans Werk gehen zu können. Über mangelnde Loyalität hatte ich mich selten zu beklagen.«

Willy Brandt in »Begegnungen und Einsichten«

Außenminister Willy Brandt in einer Besprechung mit Pressesprecher Dr. Jürgen Ruhfus, Dr. Hans Arnold (Büroleiter des Außenministers) und Klaus Sönksen (Brandts langjährigem persönlichen Referenten) im Auswärtigen Amt. Oktober 1967

Hintergrundgespräche - zweiter nicht Englisch sprechender Kanzler

»Mit Bundeskanzler Kiesinger verständigte ich mich am einfachsten, wenn sich – selten genug – die Gelegenheit zu einem Gespräch unter vier Augen bot. Der schwäbische Politiker hatte sich in den ersten beiden Bundestagen als ein streitbarer - manchmal auch demagogischer - Debattant, vor allem in außenpolitischen Fragen, profiliert. Ende 1958 ließ er sich als Ministerpräsident nach Stuttgart rufen; Konrad Adenauer hatte ihn in Bonn weder Minister noch Fraktionsvorsitzenden werden lassen. Sein Regierungsstil war in starkem Maße ichbezogen, und der Zeitplan der Kabinettssitzungen wurde oft durch seine Monologe belastet. Auch war er launisch und empfindlich. Nachdem er ein ums andere Mal die Kabinettssitzung mit Klagen über ungünstige oder unfreundliche Pressekommentare aufgehalten hatte, riet ich ihm mit fröhlicher Zustimmung der Ministerrunde: ›Sie sollten nicht soviel Zeitung lesen, Herr Bundeskanzler.‹«

Willy Brandt in »Begegnungen und Einsichten«

Außenminister Willy Brandt im Gespräch mit dem amerikanischen Präsidenten Richard Nixon. Neben Nixon der US-Außenminister William Rogers. Palais Schaumburg, 26. Februar 1969

Verhaltene Blicke nach Osten

»Im Lauf der Zusammenarbeit schien Kiesinger immer mehr zwischen den Flügeln seiner Partei hin und her gerissen zu werden. Unseren Beziehungen bekam das nicht allzu gut. Im übrigen wird ein Außenminister wohl fast immer seine Probleme haben, wenn der Regierungschef selbst außenpolitisch stark interessiert ist.«

Willy Brandt über Kurt Georg Kiesinger in »Begegnungen und Einsichten«

Der Bundeskanzler der Großen Koalition Kurt Georg Kiesinger und Außenminister Willy Brandt. Trotz der – durch Aufnahme diplomatischer Beziehungen zu Rumänien – durchbrochenen Hallsteindoktrin gelang es der Großen Koalition nicht, die ostpolitische Erstarrung zu überwinden

Ins Gebet genommen

»Für John F. Kennedy und seinen Bruder Robert gab es ein Schlüsselwort, in dem sich ihre politische Leidenschaft sammelte, und es wird von ihren Landsleuten wieder und wieder zitiert: ... es heißt ›compassion‹. Die Übersetzung ist nicht einfach Mitleid, sondern: die Bereitschaft mitzuleiden; die Fähigkeit, barmherzig zu sein, ein Herz für den Anderen zu haben.«

Willy Brandt

Willy Brandt mit US-Justizminister Robert Kennedy im Auswärtigen Amt am 2. Februar 1967 anläßlich einer informellen Europareise zur Sondierung der Haltung europäischer Staaten zum Vietnamkrieg

Willy Brandt mit dem sowjetischen Botschafter Semjon Zarapkin in einem Seitenzimmer der Redoute anläßlich des 70. Geburtstages von Carlo Schmid am 8. Dezember 1966

Mitten in der Eiszeit

»Der Botschafter insistierte vor allem in Sachen DDR. Ihre Anerkennung sei unerläßlich für den Frieden in Europa und von einem besseren Verhältnis zur Sowjetunion nicht zu trennen. Ich stellte fest, hier blieben wir leider unterschiedlicher Meinung; doch wir wollten versuchen, das uns Mögliche zu tun, um das Verhältnis zum anderen Teil Deutschlands zu entkrampfen, statt es sich weiter verhärten zu lassen.«

Willy Brandt über Zarapkin in »Begegnungen und Einsichten«

Politik am »grünen Tisch«

»Ein Überkabinett, das an Farbigkeit und Talenten kaum zu übertreffen war.«

Der Historiker Klaus Hildebrand in seinem Urteil über die Große Koalition

Kabinettssitzung der Großen Koalition im Park des Palais Schaumburg am 6. Juli 1967

Ideologischer Denkmalschutz

Das Lenin-Denkmal im Kreml

Steifer Auftakt

»Wir kommen zu spät, aber wir kommen.«

Willy Brandt

Bundeskanzler Willy Brandt mit dem sowjetischen Regierungschef Alexej Kossygin bei seiner Ankunft im August 1970 in Moskau

Außenminister Walter Scheel, Bundeskanzler Willy Brandt, der sowjetische Regierungschef Alexej Kossygin und der sowjetische Außenminister Andrei Gromyko unterzeichnen den Moskauer Vertrag am 12. August 1970. In der Mitte der sowjetische Staatschef Leonid Breschnew

Geschichtsschreiber

»... mit diesem Vertrag geht nichts verloren, was nicht längst verspielt worden war. Wir haben den Mut, ein neues Blatt in der Geschichte aufzuschlagen. Dies soll vor allem der jungen Generation zugute kommen, die im Frieden und ohne Mitverantwortung für die Vergangenheit aufgewachsen ist und die Folgen des Krieges mittragen muß, weil niemand der Geschichte seines Volkes entfliehen kann.«

Willy Brandt zum Moskauer Vertrag

Ost-West-Bekanntschaften

»Wir wollen ein Volk der guten Nachbarn sein und werden im Innern und nach außen.«

Willy Brandt in »Bundestagsreden«

Bundeskanzler Willy Brandt begrüßt die Bevölkerung vor dem Hotel Intourist in Moskau am 13. August 1970, einen Tag nach der Unterzeichnung des Moskauer Vertrages

Von der Last böser Zeiten

»Vor dem Denkmal für die im Warschauer Ghetto Umgekommenen kniete ich nieder. Unter der Last der jüngsten Geschichte tat ich, was Menschen tun, wenn die Worte versagen, so gedachte ich der Millionen Ermordeter.«

Willy Brandt

Anfänge deutschen Erinnerungsvermögens. Bundeskanzler Willy Brandt ehrt am 7. Dezember 1970 die Opfer des Warschauer Ghettos anläßlich der Unterzeichnung des Warschauer Vertrages. Die in dieser Geste zum Ausdruck kommende Bitte um Versöhnung wurde weltweit mit Anerkennung gewürdigt

Zwiegespräche

Bundeskanzler Willy Brandt und Außenminister Walter Scheel im Gespräch mit dem amerikanischen Senator Edmund S. Muskie, später Außenminister unter Präsident Carter, und dem amerikanischen Industriellen und Politiker William Averell Harriman, engster Vertrauter Präsident Franklin Delano Roosevelts, Mitglied mehrerer Administrationen und außenpolitischer Berater der Präsidenten Truman, Kennedy und Johnson, im Januar 1971 auf dem Bonner Venusberg, Kiefernweg

»… zu entsprechenden verbindlichen Übereinkünften bereit.«

»Ich fand Gromyko angenehmer als das Bild, das ich mir von einem bissigen ›Mr. Njet‹ gemacht hatte. Er wirkte freundlich-gelassen, auf eine angenehme Art fast angelsächsisch zurückhaltend. Seine Routine war auf eine unaufdringliche Weise zu spüren, sein Gedächtnis galt als phänomenal.«

Willy Brandt über Gromyko in seinen »Erinnerungen«

Gespräch zwischen dem sowjetischen Außenminister Andrej Gromyko und Bundeskanzler Willy Brandt im Vorfeld des Moskauer Vertrages am 3. Juni 1970 in Bonn

Politik der kleinen Schritte

Willy Brandt und Egon Bahr in Erwartung des sowjetischen Außenministers Andrej Gromyko im Kanzleramt am 3. Juni 1970

Die Architekten des Ost-West-Dialogs

»Wir sind auf dem richtigen Weg ...«

Willy Brandt

Außenminister Walter Scheel, Bundeskanzler Willy Brandt und Egon Bahr während der Beratung der Ostverträge am 8. Februar 1972 im Bundestag

»Zweifel an der deutschen Ostpolitik, wie sie verschiedene Deutschland-Experten - oder solche, die sich dafür hielten - vorgebracht hatten, waren zerstreut worden.«

Willy Brandt in seinen »Erinnerungen«

Bundeskanzler Willy Brandt während der Beratung der Ostverträge im Bundestag

»Willy wählen« brachte den Sieg

Nach dem gescheiterten Mißtrauensvotum erhielt die Regierung Brandt im November 1972 einen deutlichen Vertrauensbeweis ihrer Politik. Hier Bundeskanzler Willy Brandt und Außenminister Walter Scheel vor dem Bonner Kanzleramt bei einem Fackelzug der Bürger

Deutsch-amerikanische Partnerschaft

»Die Bundesrepublik Deutschland ist kein Wanderer zwischen den Welten. Ohne den Hintergrund und die Sicherheit bewährter Freundschaft und bewährter Bündnisse könnte es einen aktiven deutschen Beitrag zur Entspannungspolitik überhaupt nicht geben.«

Willy Brandt in »Bundestagsreden«

Bonn-Besuch des US-Außenministers William Rogers am 7. Mai 1972 anläßlich einer Europa-Reise zur Vorbereitung des Nixon-Besuchs in Moskau

Entgegengesetzte deutsch-deutsche Blickrichtungen

»Der Egon ist davon überzeugt, daß nicht im Kapitalismus die Zukunft der Menschen liegt – Kapitalismus ist nicht die Endstation Sehnsucht –, allerdings auch nicht im marxistischen Modell, sondern im ›Wandel durch Annäherung‹. Egon Bahr und ich sind davon ausgegangen, daß der Kapitalismus eines Tages nicht mehr stärker sein würde und die nationale Einheit Deutschlands mit sozialistischen Ideen wiedererlangt werden könnte. Wir sind uns immer einig gewesen, daß die Spaltung der Arbeiterbewegung zu Beginn des 20. Jahrhunderts durch die Weltkriege eine Tragödie war, und wir hofften auf eine Versöhnung der beiden Arbeiterbewegungen im 21. Jahrhundert.«

SED-Politbüromitglied Hermann Axen über Egon Bahr, der wie Willy Brandt zwar mit der Ostpolitik immer die deutsche Einheit anvisierte, sie jedoch im Gegensatz zu Brandt nicht unter westlichen Vorzeichen anstrebte, sondern einen »Dritten Weg« propagierte.

Margarita Mathiopoulos: »Das Ende der Bonner Republik, Beobachtungen einer Europäerin«, Stuttgart 1993

Bundeskanzler Willy Brandt spricht im Bundestag zu den Ostverträgen

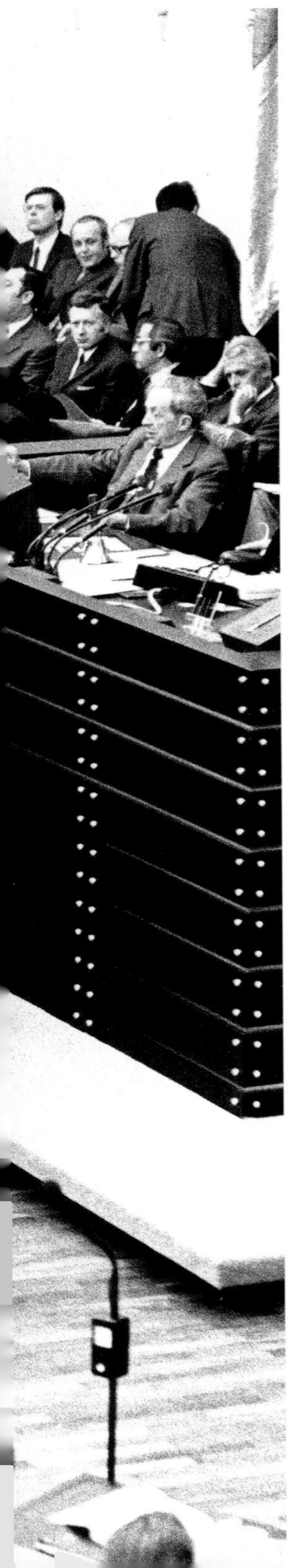

Ruhe vor dem Sturm

»Beide Verträge konnten nur nach gewissenhafter Prüfung, ja, nach ernster Gewissenserforschung unterschrieben werden. Wir betrachten sie heute wie damals als den Beweis unserer Reife und des Mutes zum Erkennen der Wirklichkeit. Das Ja zum Vertrag von Warschau wie zum Vertrag von Moskau bleibt zugleich ein Bekenntnis zur deutschen Gesamtgeschichte. Und ein klares Geschichtsbewußtsein verträgt weder unerfüllbare Ansprüche noch geheime Vorbehalte. Dies gilt für beide Verträge. Dies gilt für unsere Abmachung mit der DDR. Die Abstimmung, die uns hier abverlangt wird, soll es bestätigen. Die Entscheidung, vor der das Parlament unserer Bundesrepublik steht, lautet nicht: Dieses Vertragswerk oder ein anderes. Die Entscheidung lautet vielmehr: Dieses Vertragswerk oder kein Vertrag.«

Willy Brandt in »Bundestagsreden«

Kontrast-Programm

Kundgebung der Vertriebenenverbände gegen die Ostverträge der Regierung Brandt auf dem Bonner Marktplatz am 7. Mai 1972

Lagebericht mit Vorvater

»Ich habe nicht zuletzt bei der parlamentarischen Behandlung der Ostverträge unterstrichen, daß die Hinnahme eines gegebenen Zustandes in dem Willen, ihn zu verbessern, etwas entscheidend anderes sei als die von Schwüren begleitete Tatenlosigkeit.«

Willy Brandt in seinen »Erinnerungen«

Während der Beratungen über die Ostverträge besuchen zahlreiche Gewerkschaftergruppen Bundeskanzler Willy Brandt, um ihre Solidarität zu bekunden. Viele hunderttausend gesammelter Unterschriften werden überreicht. Hier spricht der Kanzler während einer Beratungspause der dritten Lesung der Ostverträge am 17. Mai 1972 im kleinen SPD-Fraktionssaal zu Betriebs- und Personalräten eines deutschen Großbetriebes

Bundeskanzler Willy Brandt mit dem sowjetischen Staatschef Leonid Breschnew anläßlich seines Besuchs in Bonn 1973. Begleitet wurde er von dem sowjetischen Außenminister Andrej Gromyko und dem sowjetischen Botschafter in Bonn Valentin Falin

Sternstunden

»Die hohe Zeit des Kalten Krieges war vorüber. Die Weltlage hatte sich verändert. So geboten legitime nationale Interessen, die bundesdeutsche Politik gegenüber Moskau und dessen Bündnispartnern zu entschlacken. Wir wußten, wohin wir gehörten, und lernten, daß die Loyalität gegenüber und die Freundschaft mit dem Westen ergänzt werden müsse durch Ausgleich und Zusammenarbeit mit dem Osten.«

Willy Brandt in seinen »Erinnerungen«

Sowjetischer Handkuß

Letzte Augenblicke

»Wenn man gute Freunde verabschiedet, dann kommt man zu denen und trinkt auf ein Wanderstäbchen.«

Leonid Breschnew

Willy Brandt und Leonid Breschnew während eines Gesprächs unter vier Augen im Moskauer Gästehaus der sowjetischen Regierung auf dem Lenin-Hügel bei Wodka und Zitronenscheiben. Dieses Treffen im Gästehaus war ungewöhnlich. Ein solcher Vertrauensbeweis wurde nur Willy Brandt zuteil

Modus vivendi

Willy Brandt und der sowjetische Staatschef Leonid Breschnew in Moskau 1981. Es war Willy Brandts letzter Moskau-Besuch vor Breschnews Tod

Willy Brandt mit Hannovers Oberbürgermeister Herbert Schmalstieg und den Bürgermeistern Hitoshi Motoshima (Nagasaki) und Takeshi Araki (Hiroshima) anläßlich der Veranstaltung »Aufrufe zum Frieden« im Ollenhauer-Haus am 29. Mai 1987

Botschafter des Friedens

»Wir bedürfen des Friedens nicht nur im Sinn eines gewaltlosen Zustandes. Wir bedürfen seiner als Voraussetzung für jene rettende Zusammenarbeit, die ich meine. So wie sie den Frieden voraussetzt, so kann sie auch Frieden schaffen helfen. Denn da, wo rettende Zusammenarbeit ist, da ist Friede, da stellt auch Vertrauen mit der Zeit sich ein.«

Willy Brandt in »Frieden und Gerechtigkeit«

»Wir sind
keine Erwählten;
wir sind
Gewählte.«

III

Der Kanzler der sozialliberalen Koalition

Geburtswehen

Die sozialliberale Koalition wird aus der Taufe gehoben

»Wann wir schreiten Seit' an Seit'.«

Politische Läuterungen

Erste Kabinettssitzung nach dem Abschluß des Moskauer Vertrages, August 1970

Akteneinsichten

Willy Brandt mit Innenminister Hans-Dietrich Genscher

Distanzierte Partnerschaft

Willy Brandt und Wirtschaftsminister Karl Schiller

Runder Tisch West

Erste Sitzung des Kabinetts Brandt/Scheel
1969

Aufbruchstimmung

Die sozialliberale Ministerriege

Schon damals warfen die FDP-Minister ihre Schatten – Bundesminister Genscher (Inneres), Ertl (Landwirtschaft) und Scheel (Auswärtiges)

Hinter vorgehaltener Hand

»Karl Otto Pöhl, der im Mai 1971 Herbert Ehrenbergs Abteilung übernahm, legte sich mit Guillaume an. Anlaß war, daß dieser ständig im Vorzimmer Pöhls herumsaß und mit dessen Sekretärin flirtete. Pöhl wies ihn zurecht: ›Herr Guillaume, wenn Sie sich mal mit meiner Sekretärin treffen wollen, dann machen Sie es außerhalb der Dienstzeit.‹«

So Brandt-Biograph Peter Koch

Brandts loyale Stütze im Kanzleramt: Staatsministerin Katharina Focke

Der Leiter der wirtschaftspolitischen Abteilung im Bundeskanzleramt und späterer Präsident der Deutschen Bundesbank Karl Otto Pöhl im Gespräch mit Bundeskanzler Willy Brandt im Juni 1971

Der Pharisäer

Der CDU-Abgeordnete Steiner (r.) verweigert dem Kanzlerkandidaten Rainer Barzel beim konstruktiven Mißtrauensvotum die alles entscheidende 249. Stimme und bringt ihn um die Kanzlermehrheit

Restaurationsversuche

Gescheiterter Regierungssturz durch Mißtrauensantrag der CDU/CSU-Fraktion am 26. April 1972. Barzel gesteht Brandt seine Niederlage ein

Der Mann, der Guillaume verhindert hätte ...

Willy Brandt beim Tête-à-tête mit Klaus Sönksen, 1964 bis 1970 persönlicher Referent Brandts. Nach seiner Entfernung aus dem Umfeld des Bundeskanzlers 1970 durch Kanzleramtsminister Horst Ehmke begann der Aufstieg Guillaumes zum Adlatus des Bundeskanzlers

Der Judaskuß

König und Königsmörder

Reisebekanntschaften - Willkürlichkeiten aus dem Bauchladen

Am 24. Juni 1972 reiste Bundeskanzler Willy Brandt mit der Eisenbahn nach Berlin. Bis dahin hatte kein deutscher Kanzler diese Reise unternommen. Beim Übergang in die DDR überprüften die DDR-Grenzer die zuvor von Günter Guillaume eingesammelten Pässe. Bevor die Grenzer erschienen, hatte Guillaume die Pässe dem DSG-Schaffner übergeben - dieser erledigte dann die nötigen Formalien. Als die Grenzer den Zug verlassen hatten, kam Guillaume wieder aus seinem Abteil hervor und nahm den Paß von Bundeskanzler Willy Brandt in seinen Besitz. Links auf dem Bild der Wahlkampfmanager von Willy Brandt, Günter Kuppe, rechts der Schlafwagenschaffner mit den Pässen

Ostdeutsche Winkelzüge

Kanzlerreise im Juni 1973
Willy Brandt, ihm zur Seite Guillaume, ganz rechts auf Fotojagd Jupp Darchinger

Guillaume war immer im Bild

Der Mann, der dafür sorgte, daß Willy Brandt nicht Kanzler blieb. SPD-Parteitag in Dortmund 1972

Kain und Abel

Willy Brandt gratulierte am 16. Mai 1974 Helmut Schmidt zur neu gewonnenen Kanzlerschaft

Der Rosenkavalier –
Wehner drängt Brandt ins Abseits

Am 16. Mai 1974 tritt Helmut Schmidt die Nachfolge von Willy Brandt als Kanzler an; Brandt bleibt Parteivorsitzender. Nach der Wahl im Bundestag gratuliert Brandt als erster. Sofort holte Wehner einen riesigen Rosenstrauß unter der Bank hervor, nicht zum Dank für getane Arbeit, sondern zur Ermunterung seiner neuen Galionsfigur.
In den Reihen der CDU erkennt man links Dregger und von Weizsäcker, rechts Barzel, Kiesinger und Ludwig Erhard, ganz rechts Karl Carstens.
Hinter Schmidt Ernst Schellenberg und Alex Möller, links Karl Wienand

IV

»...Europa hört nicht an der Elbe auf.«

Der Gesamt-Europäer

Vision und Pragmatismus

Willy Brandt übernimmt am 6. Dezember 1966 die Amtsgeschäfte des Bundesaußenministers

»Es bleibt uns die Aufgabe, die unseren Fähigkeiten entspricht, mit geistigen Waffen für Gerechtigkeit in der Welt zu kämpfen.«

Walther Rathenau

Gleichschritt

»... ein lebendiges Geben und Nehmen, einen fruchtbaren Austausch zwischen den geistigen Strömungen und Errungenschaften der Menschen auf beiden Seiten des Rheins.«

Willy Brandt in seiner Tischrede am 3. Juli 1970

Deutsch-französische Konsultationsgespräche in Bonn als Eckpfeiler der Brandtschen Westpolitik

Visionen von einem friedlichen Europa

Im Dezember 1969 tagte in Bonn die nach dem französischen Politiker benannte Monnet-Kommission zur Stabilisierung und Beschleunigung der Europapolitik gemäß den Römischen Verträgen. Außenminister Brandt besuchte die Kommission während ihrer Arbeit im Langen Eugen. Hier Begrüßung von Jean Monnet, der im Verein mit Hallstein einer der großen Betreiber des europäischen Gedankens war

Männerfreundschaft jenseits der Grenzen politischer Grundhaltungen

»... das gute Einvernehmen, das sich nach all den Wechselfällen der Geschichte zwischen unseren Völkern und Staaten entwickelt hat.«

Der Konservative Edward Heath und der Sozialdemokrat Willy Brandt führen Großbritannien in die Europäische Gemeinschaft

Politiker des Widerstandes

Nach der Wiederherstellung der Demokratie in Griechenland lud der damalige konservative Ministerpräsident und spätere Staatspräsident Griechenlands, Konstantin Karamanlis, 1975 durch Basil Mathiopoulos Willy Brandt nach Athen ein, um ihm im Namen des griechischen Volkes für seine Unterstützung im Kampf gegen die Obristenjunta (1967–1974) zu danken. Willy Brandt wurden anläßlich dieses Besuches die Ehrenbürgerwürde der Stadt Athen und die Ehrendoktorwürde der Fakultät für Politische Wissenschaften der Panteios-Universität verliehen

Willy Brandt, Konstantin Karamanlis und der damalige Protokollchef des griechischen Außenministeriums und Presseamtes, Georgios Vlodakis, in Athen

Männer des Widerstandes gegen die nationalsozialistische Gewaltherrschaft

Tête-à-tête mit dem Führer der Blockfreien-Bewegung, dem jugoslawischen Staatschef Josip Broz Tito, im Juni 1974 auf Schloß Gymnich

»... großen Respekt vor den Ländern ..., die ihren Weg der Nicht-Blockgebundenheit gehen.«

Interview Willy Brandts mit der jugoslawischen Nachrichtenagentur »Tanjug«

Teilung Zyperns überwinden

Weihnachten 1981 besichtigt Willy Brandt zusammen mit Oskar Lafontaine und dem damaligen zyprischen Präsidenten Spyros Kyprianou die Demarkationslinie, die die Insel seit 1974 teilt.
Wie in Deutschland, so tritt der SPD-Vorsitzende auch in Nikosia für die Überwindung der Teilung ein

Weggefährten und Dauerläufer auf dem Weg zur Macht

Brandt und Mitterrand setzen auf Kontinuität in den deutsch-französischen Beziehungen und in der Europapolitik

»... meinem Empfinden Ausdruck geben, daß eine Zeit zu Ende geht.«

Treffen Willy Brandts mit dem frischgebackenen sowjetischen Staatschef Michail Gorbatschow und dem langjährigen Außenminister Andrej Gromyko im Mai 1985 in Moskau

»...einige der Voraussetzungen mit schaffen geholfen für das, was nun in Bewegung gekommen ist.«

Veteranen der deutschen Ostpolitik und der sowjetischen Westpolitik – Brandt und Gromyko im April 1988 in Moskau

Morgenluft

»...veränderte Führungsgruppe mit einer Persönlichkeit an der Spitze, die ... die Lehren des Lebens ernst nahm und ideologische Fesseln ... abzuwerfen versuchte.«

Willy Brandt in »Reden und Interviews«

Willy Brandt gemeinsam mit Hans Koschnick, Egon Bahr und Gerhard Schröder zu Gesprächen beim sowjetischen Generalsekretär Michail Gorbatschow in Moskau im Vorfeld der innerdeutschen Grenzöffnung im Oktober 1989

Erste gemeinsame Blicke nach Westen

Moskau-Besuch Willy Brandts im April 1988 und Small talk mit zwei ehemaligen sowjetischen Botschaftern in Bonn: Valentin Falin, dem derzeitigen Chef von »Nowosti«, und Wladimir Semjonow, im Vorjahr der europäischen Revolution

Großer Lauschangriff

Die Spiegel-Journalisten Dirk Koch und Klaus Wirtgen begleiten Willy Brandt 1989 auf seiner Reise nach Moskau

Schulstunde in gesamteuropäischer Verantwortung

Die Enkel Oskar Lafontaine und Rudolf Scharping gemeinsam mit Willy Brandt bei der Verabschiedung Gorbatschows in Bonn am 5. März 1992

Dankbarkeit

Die Ostpolitik hat Gorbatschow möglich gemacht – Gorbatschow hat die Wiedervereinigung möglich gemacht

Ein Mann des Vertrauens

»... in geduldigem Bemühen aufeinander zugehen.«

Willy Brandt in »Reden und Interviews«

Willy Brandt im Gespräch mit dem polnischen Ministerpräsidenten Mieczyslaw Rakowski im Januar 1989

»Den Geist der Freiheit mit dem Geist der Gerechtigkeit verbinden.«

V

Der Entwicklungs- und Menschenrechts-politiker

Die Zukunft sichern
Gemeinsame Interessen der Industrie- und Entwicklungsländer
Bericht der Nord-Süd-Kommission
Mit einer Einleitung des Vorsitzenden Willy Brandt
heuer & Witsch

»Beiträge zur Organisierung des Friedens«

Willy Brandt trifft 1962 als Regierender Bürgermeister mit dem Präsidenten Zyperns, Erzbischof Makarios, zusammen

»... mit der gebotenen Bescheidenheit das Unsere tun, den Willen zum friedlichen Ausgleich im Spannungsfeld des Nahen Ostens zu ermutigen.«

Willy Brandt pflegte ein enges Verhältnis zum israelischen Außenminister Abba Eban. Hier ein Gespräch der beiden Politiker auf dem Bonner Venusberg im Februar 1970

»Entwicklungshilfe ist eine Form internationaler Strukturpolitik, bei der nicht nur Räume und Entfernungen, sondern auch das Ausmaß des wirtschaftlichen und sozialen Gefälles oft unsere Vorstellungen übersteigt.«

Olof Palme zu Gast bei Willy Brandt im April 1972 – aktive Streiter für eine Intensivierung des Nord-Süd-Dialogs

»Jeder Konflikt, wo immer auf dieser Welt, bedroht die Menschheit in ihrer Gesamtheit.«

Willy Brandt empfängt die indische Ministerpräsidentin Indira Gandhi, die First Lady der Dritten Welt, im Jahre 1971 – Unterstützung der Demokratie auf dem Subkontinent und Vermittlung im Ostpakistan-Konflikt

»... der sozialen Sicherheit und Gerechtigkeit überall in der Welt zum Durchbruch zu verhelfen.«

Eröffnungssitzung der Nord-Süd-Kommission am 9. Dezember 1977 auf Schloß Gymnich; Willy Brandt übernimmt die Präsidentschaft

»Unser weltbürgerliches Selbstbewußtsein muß sich auch ausdrücken in der geduldigen Bereitschaft zur Differenzierung und zur Fairneß.«

Willy Brandt empfängt den libyschen Ministerpräsidenten Jalloud und setzt auch nach dem Terroranschlag auf die israelische Olympiamannschaft 1972 den Dialog mit der arabischen Welt fort

Brücken der Zusammenarbeit schlagen

Willy Brandt trifft mit dem persischen Ministerpräsidenten Amir Abbas Howeida zusammen, März 1974

»Verzicht auf Gewalt heißt nicht, auf die friedliche Verwirklichung der Menschenrechte zu verzichten.«

Lew Kopelew, russischer Schriftsteller und Dissident, und seine Frau besuchten Willy Brandt im November 1980 im Erich-Ollenhauer-Haus

»Über die Prinzipien der Menschenrechte und der Selbstbestimmung darf man nicht mit sich handeln lassen.«

Willy Brandt besucht den russischen Freiheitskämpfer und Friedensnobelpreisträger Andrej Sacharow in seiner Moskauer Wohnung am 6. April 1988

VI

»...überglücklich über die Zeichen der Solidarität.«

Der Präsident der Sozialistischen Internationale

Sozialistische Hochzeiten

Willy Brandt und sein Freund Bruno Kreisky, beide erfolgreiche Parteichefs und Bundeskanzler

Sozialistische Internationale tagt 1975 in Berlin

Bruno Pittermann (Österreich), Präsident. Daneben Willy Brandt und Klaus Schütz, Regierender Bürgermeister von Berlin. Ort: ÖTV-Begegnungszentrum Berlin-Wannsee

»Mich überkam das Gefühl, als seien wir ganz nahe beieinander, und emotional waren wir es wohl auch.«

Willy Brandt begrüßt die ehemalige israelische Ministerpräsidentin und Führerin der Mapai-Partei, Golda Meir, auf der Tagung der Sozialistischen Internationale in Berlin 1975, links der israelische Außenminister Igal Allon

»Praktische Solidarität beweisen und stets unmißverständlich und klar ihre Haltung gegenüber jeder Form von Gewaltherrschaft bekunden.«

SI-Freundestrio Kreisky, Brandt, Palme bei der Tagung der Sozialistischen Internationale im ÖTV-Begegnungszentrum Berlin-Wannsee 1975

Willy Brandt im Gespräch mit seinem Freund, dem Journalisten Basil Mathiopoulos, den er 1967 aus den Klauen der griechischen Diktatur befreien half

Gesinnungsgenossen Brandt und Kreisky, langjähriger österreichischer Bundeskanzler und SPÖ-Vorsitzender

»Sozialismus ist uneingeschränkte politische, wirtschaftliche und soziale Demokratie, vollendete Demokratie.«

Willy Brandt mit Mário Soáres und Hans-Eberhard Dingels, Internationaler Sekretär der SPD, am 2. Mai 1974 im Kiefernweg auf dem Venusberg

Gemeinsam Diktaturen überwinden – Unterstützung für die Demokratiebewegung auf der Iberischen Halbinsel

Willy Brandt begrüßt den noch unbekannten spanischen Sozialistenführer Felipe Gonzales, Deckname »Isidoro«, auf dem Mannheimer SPD-Parteitag 1975 und trifft im Mai 1974 mit dem portugiesischen Sozialistenchef Mário Soáres zusammen

»... der Mann des Aufstiegs und des Niedergangs der italienischen Sozialisten ...«

Treffen Willy Brandts mit dem früheren italienischen Ministerpräsidenten Bettino Craxi 1989 in Moskau

Galionsfiguren der sozialistischen Bewegung

Im August 1981, bald nach seiner Wahl, traf Mitterrand mit Brandt in Südfrankreich zusammen. Willy Brandt verbrachte dort auf Einladung von Freunden seinen Sommerurlaub – mit dabei seine junge Frau Brigitte

Hände

Nachdenken
über die Zerbrechlichkeit
der Demokratie

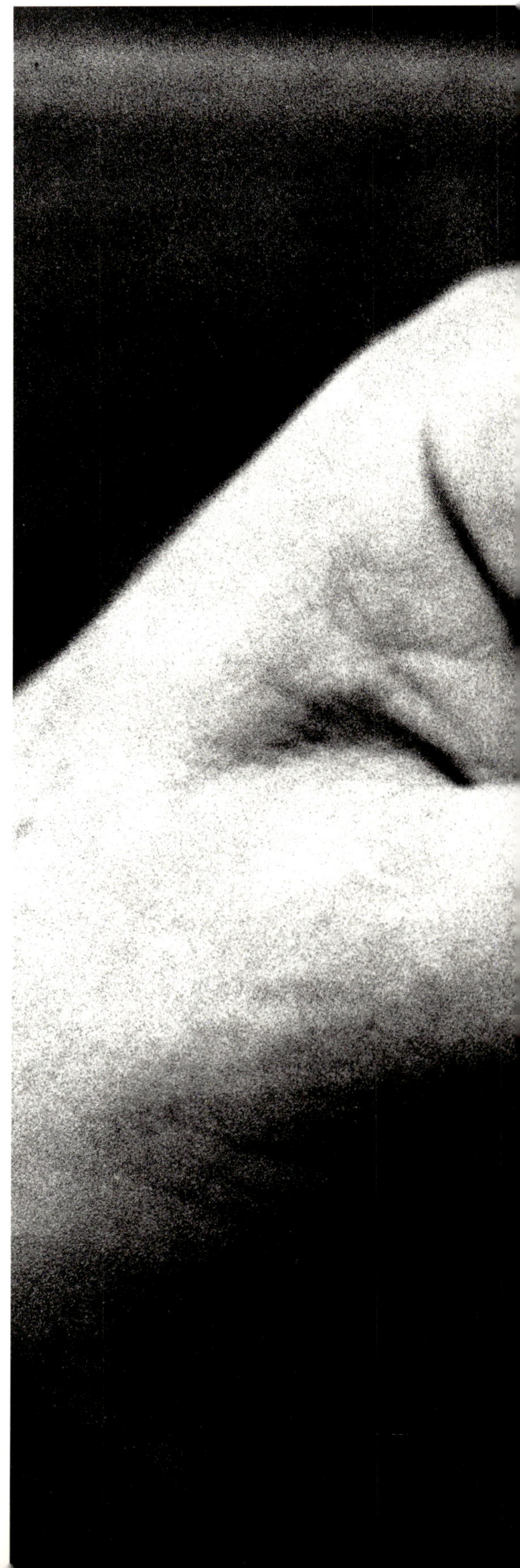

VII

»...weil wir es uns schwerer machten als andere.«

Der Wahlkämpfer auf dem langen Weg zum Machtwechsel

Wegweiser

Willy Brandt auf Wahlkampfreise 1969

Ein menschlicher Politiker zum Anfassen

»... die Freiheit des Geistes, die Unabhängigkeit des Denkens sind heute nirgendwo besser aufgehoben als bei uns! Die moderne deutsche Sozialdemokratie ist in der Lage, Unterschiedlichkeiten und Gegensätze in unserem Volk in sich selbst auszugleichen. Wir wissen aber noch besser als früher, daß die ›Freiheit wovon‹ ergänzt werden muß durch die ›Freiheit wofür‹.«

Willy Brandt in seiner Grundsatzrede als Kanzlerkandidat auf dem SPD-Parteitag in Hannover im März 1960

1961 wirbt der neue SPD-Kanzlerkandidat Willy Brandt als erster Politiker der Bundesrepublik im direkten Gespräch mit Bürgern für seine Sache

Politische Kursbestimmung mit Blumen

»Unsere Demokratie sollte sich nicht durch ihre Außenseiter bedroht fühlen und nicht alles zum Konformismus zwingen wollen. Meiner Überzeugung nach muß mehr freiheitlicher Geist bei uns einziehen. Allen Tendenzen bürokratischen Übermuts und obrigkeitsstaatlichen Denkens werden wir energisch entgegentreten.«

Willy Brandt, 1961

Bundestagswahl 1961
Der Kanzlerkandidat der SPD Willy Brandt mit Parteifreunden auf der Brücke des Dampfers »Rheinland« beim Abschied von Bacharach

Meister auf dem innenpolitischen Parkett

»Wir offerieren kein zaghaftes Sich-treiben-lassen, sondern wir empfinden es als unsere Pflicht, die Menschen in diesem Land zu überzeugen und mitzureißen, ihnen klar vor Augen zu halten, daß aktives und präventives Vorausdenken für diese Zeit, für die neue Zeit, nötig ist. Wir meinen: Unser Volk muß von seiner Regierung verlangen, daß sie der demokratischen Dynamik unserer Zeit nicht ausweicht, sondern sich auf sie einstellt.«

Willy Brandt beim SPD-Parteitag in Karlsruhe, im November 1964
Vor Zuhörern in Dortmund 1965

September 1969: Willy Brandt dirigiert ein Trachtenorchester in einem Festzelt auf »Pützchens Markt« (Nähe Bonn). Sohn Mathias drängte die Eltern zu diesem Ausflug, der der ganzen Familie viel Spaß gemacht hat

Taktvolle Führung – kein Dirigismus

»Dieser Staat ist ohne Glanz und Flitter, in diesem Sinne auch sehr modern mit seinem Mangel an Tradition, aber mit großen Möglichkeiten. Glanzlosigkeit heißt nicht, daß sich diesem Staat und den Menschen, die in ihm leben, keine oder keine großen Aufgaben stellen. Diese Ziele der Sozialdemokraten sind große Aufgaben, und diese Aufgaben sind auch hohe Ideale.«

Willy Brandt, Nürnberger SPD-Parteitag, März 1968

Themen besetzen

»Die Politik dieser Regierung wird also im Zeichen der Kontinuität und im Zeichen der Erneuerung stehen.«

Wahlkampf 1969
Der Wahlkämpfer Willy Brandt posiert für den »Stern« auf dem Bahnhof von Münster

Geniestreiche

Klaus Sönksen, Willy Brandts langjähriger persönlicher Referent und Vertrauter, hatte im US-Wahlkampf 1968 beobachtet, wie Künstler sich für den demokratischen Kandidaten Hubert Humphrey engagierten.
Im Mai 1969 überträgt er dies auf Willy Brandt mit einem Künstlerempfang. Hier Willy Brandt witzelnd mit Heinz Rühmann. Dieses besondere Foto kam nur durch die geschickte Moderation Sönksens zustande, die den an diesem Tag eher wortkargen Willy Brandt verleitete, in die Witzkiste zu greifen

»Spiegel«-Gespräch im August 1969 mit den Herren Günter Gaus, Rudolf Augstein, Dr. Hofmann sowie Stenograf Steinecke im Bahnhof Münster anläßlich der Wahlkampfreisen per Zug

Unerhörte Gespräche

»Wer angesichts der neuen Horizonte noch glaubt, ohne Vorausschau auskommen zu können, über den wird die Zeit hinweggehen. Der mag ruhig weiter von der Hand in den Mund leben und nur von Tag zu Tag entscheiden. Was die Vereinigten Staaten, was die Sowjetunion, was Frankreich, was England für ihre Existenz, für ihr Leben für notwendig halten, nämlich sorgsame Vorausschau, das werden auch wir zu tun haben. Wir dürfen nicht so überheblich sein, zu sagen, wir hätten das nicht nötig; denn andere werden es nicht für uns tun.«

Willy Brandt, 1964

»Wähler, zur Sonne, zur Freiheit!«

»Man kann nun aber einerseits nicht die Entwicklung der SPD zur Volkspartei bejahen und gleichzeitig die Erwartung hegen, sie solle sich in der Aktion, in ihren inneren Strukturen bis zur soziologischen Zusammensetzung ihrer Führungsgremien als eine museale Arbeiterpartei darstellen.«

Willy Brandt, SPD-Parteitag Nürnberg, März 1968

Zuhörer während einer Wahlkampfkundgebung von Willy Brandt in Lüdenscheid im Herbst 1969.

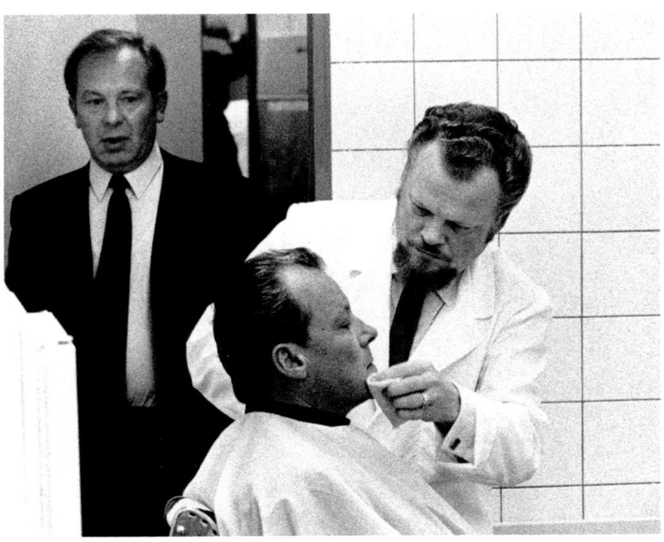

Gesichtszüge– Standpunkte

»Die Aufgaben der Zukunft, wie wir sie sehen, sind nur auf dem Wege und mit den Mitteln der Demokratisierung zu bewältigen, deshalb bezeichne ich als die politische Richtlinie der Sozialdemokratischen Partei für die siebziger jahre die Verwirklichung der sozialen Demokratie, das heißt die Demokratisierung unserer Gesellschaft.«

Willy Brandt 1970

In der Maske des ZDF vor der Sendung »Journalisten fragen – Politiker antworten« am 25. September 1969

Die Weichen sind gestellt

»Heute können wir sagen, weil es erwiesen ist: Unser Weg hat keine Schlaglöcher. Unser Weg ist breit und gut ausgeleuchtet. Auf ihm läßt es sich zügig fahren. Diesen Weg werden wir fahren, ohne selbstmörderische Raserei, so unfallsicher, wie es der Respekt vor unserem Volke gebietet, aber mit dem Tempo, das unserer Zeit angemessen ist.«

Willy Brandt, November 1964

Willy Brandt im Sonderzug, Wahlkampagne 1972

Großer Bahnhof

Willy Brandt auf Wahlkampfreise mit dem Sonderzug 1972, hier in Neu-Isenburg bei Frankfurt am Main

Handgreiflichkeiten

Wahlkampf 1972: mit dem Herausgeber des »Spiegel« Rudolf Augstein auf dem Bahnhof Paderborn

Bundeskanzler Willy Brandt während des Wahlkampfes 1972 im Sonderzug beim nächtlichen Gespräch mit Journalisten

Nachtzuschlag

»Gerade dank solcher Offenheit sammelte sich bei uns die Kraft, die weit über Grenzen hinauswirkt, die uns angeblich gesetzt waren. Ja, wir kennen unsere Grenzen, sie sind jedoch weiter, als es manche Skeptiker – auch in den eigenen Reihen – wahrhaben wollen. Die Integrationskraft der Sozialdemokratie hat sich noch bei weitem nicht erschöpft. Die Vitalität dieser unserer Partei wird man an der Freiheit messen, mit der sie die Auseinandersetzung mit den Herausforderungen und Ansprüchen besteht, die – von drinnen und von draußen – an sie gestellt werden.«

Willy Brandt

Fahrtenschreiber

»Bis in den Herbst blieb es unklar, ob wir die Wahlen gewinnen könnten. Auf dem Wahlparteitag in Dortmund Mitte Oktober, der von einem großartigen Elan getragen war, wurden meine Freunde und ich freilich in dem Gefühl bestärkt, daß wir mit unserem Koalitionspartner ein klares Vertrauensvotum durch die Wähler erhalten würden, wenn sich die Partei und ihre Helfer zu einer äußersten Anstrengung anspannten. Mein Freund Holger Börner hatte ›aus dem Stand‹ eine wirksame Kampagne organisiert. Wir hatten großartige Kundgebungen. Ich fand Zustimmung, als ich sagte, wer morgen sicher leben wolle, müsse heute für Reformen kämpfen. Wir zögerten auch nicht, den Stolz der Landsleute auf ihr, auf unser Land wachzurufen. Der Wahlkampf war ein Höhepunkt der Politisierung in der deutschen Nachkriegsgeschichte: auch dies ein Zeichen, daß es sich lohnte, mehr Demokratie zu wagen.«

Willy Brandt in
»Begegnungen und Einsichten«

Während der Wahlkampfreise Brandts 1972

Blinder Passagier

Wahlsonderzug im Bahnhof Lübeck. Hier war die letzte Kundgebung des Wahlkampfes 1972.
Rechts im Bild: Günter Guillaume

Endspurt

»Die deutschen Sozialdemokraten sind kein exklusiver Klub von Politikern, die glauben, auf alle Fragen der Gegenwart und Zukunft sofort die einzige Antwort zu haben. Wir glauben, daß wir den engen Kontakt zu den unzähligen klugen und weitblickenden Männern und Frauen unseres Volkes brauchen. Aus dem großen Gespräch, das nie abreißen darf, wollen wir die Sorgen hören und die Vorschläge entgegennehmen, damit wir uns nie von der Wirklichkeit des Lebens unserer Menschen entfernen.«

Schlußkundgebung des Wahlkampfes 1972 in der Kölner Sportlerhalle am 14. November 1972

Willy Brandt mit der Olympionikin Heidi Schüller und dem Schriftsteller Heinrich Böll

Volksbegehren

Wahlkampf 1972
Die Bürger bekennen sich zu Willy Brandt

Einzug der Gladiatoren

»Immerhin ist hieran interessant, daß eine Ursache für die Krise mancher sozialdemokratischen Partei im Dogmatismus, im mangelnden Kontakt zur heutigen Realität, zu den sich vollziehenden gesellschaftlichen und geistigen Wandlungen gesehen wird. Keine Partei kann die Zukunft meistern, wenn sie im eigenen Saft schmort.«

Willy Brandt im Mai 1970 auf dem SPD-Parteitag Saarbrücken

Eröffnung des Bundestagswahlkampfes 1972 in der Essener Gruga-Halle. Willy Brandt mit dem nordrhein-westfälischen Ministerpräsidenten Heinz Kühn, dahinter (v. r. n. l.) Hans-Jürgen Wischnewski, Professor Karl Schiller und Georg Leber

Kandidatenkarussell 1972

»Der Kanzlerkandidat der Sozialdemokraten wird sich auf mancherlei Anfeindungen gefaßt machen müssen. Ich habe bereits einen kräftigen Vorgeschmack von der schmutzigen Brühe bekommen, die man zusammenbraut. Aber ich sage: Die persönlichen Angriffe sind kein Zeichen von Stärke, sie zeugen von Nervosität.«

Willy Brandt in weiser Voraussicht 1961

In der Sendung »Journalisten fragen – Politiker antworten« mit Rainer Barzel, Franz Josef Strauß und Walter Scheel

Erfolgsleiter

»Glaubwürdigkeit suchten und fanden Millionen unserer Landsleute in der Sachlichkeit unseres Programms, in der Offenheit unserer Diskussion, in einer Aufklärungsarbeit, in die die Energien, der Einfallsreichtum und Fleiß unserer Mitglieder und Hunderttausender engagierter Mitbürger einströmten. Wir erlebten eine Mobilisierung demokratischen Geistes, für die es in der deutschen Geschichte kaum eine Parallele gibt, eine Politisierung des Bewußtseins, die nicht als schädliche Polarisierung verketzert werden darf.«

Willy Brandt in seiner Nachlese zur erfolgreich bestrittenen Bundestagswahl 1972, April 1973

Wartezimmer mit Hintertür zum Osten – IM Guillaume

Mit Alfred Nau, Annemarie Renger, Heinz Kühn, Egon Franke, Georg Leber, Herbert Wehner, Helmut Schmidt, Karl Wienand, Holger Börner und Günter Guillaume am 19. November 1972 abends in der SPD-Baracke

Richtungweisend

Dieses Transparent beherrschte 1972 Deutschlands Straßen

Siegestaumel

»Wir haben das Ergebnis vom 19. November gegen viel Widerstand erkämpft, gegen Überläufer, auch gegen einen Kleinmut hier und da ...«

Willy Brandt, SPD-Parteitag, Hannover, April 1973

Der alte und neue Bundeskanzler Willy Brandt und der SPD-Generalsekretär Holger Börner freuen sich über den Wahlsieg 1972

Wahlkampf 1976 in der Essener Gruga-Halle.
Der SPD-Vorsitzende Willy Brandt trifft auf ein begeistertes Publikum

Olympische Begegnungen

»Die SPD muß eine Volkspartei eigener unverwechselbarer Prägung sein, eine politische Willensgemeinschaft müssen wir bleiben ... je mehr wir das Volk in seiner ganzen Breite repräsentieren, desto breiter muß unsere Partei auch in ihrer Anlage werden.«

Willy Brandt, 1968, Nürnberger SPD-Parteitag

Millionenauflage

»Das ist kein Entweder/Oder, sondern das eine muß zu dem anderen dazukommen. Was nützt es, wenn wir neue Stimmen hinzugewinnen, aber die alten nicht halten können? Der Begriff Stammwähler ist übrigens schon etwas abgegriffen. Die Zahl der Wähler, die traditionsmäßig eine bestimmte Partei wählen, wird für alle Parteien geringer; das gehört auch zur modernen Demokratie, zu unserer Art von Gesellschaft. Es kommt schon darauf an, diejenigen Wähler nicht zu verlieren, die man bei der vorausgegangenen Wahl oder der beiden vorausgegangenen Wahlen gehabt hat.«

Willy Brandt im Vorfeld der Bundestagswahl 1976

Politische Handzeichen

»Das hat übrigens jetzt etwas auch mit der ›Arbeitsteilung‹ zu tun. Der Parteivorsitzende wird im Vorwahlkampf besondere Anstrengungen darauf verwenden, die eigenen Anhänger, wann immer Zeit und Gelegenheit dazu ist, zu motivieren – wie man so schön sagt – und ihnen zu sagen, was alles geschehen muß, um die Anhängerschaft voll in den Wahlkampf für Helmut Schmidt einzubeziehen und eine hohe Wahlbeteiligung zu erreichen, auf die es insoweit ankommt.«

Willy Brandt, 1976, im Gespräch mit Jürgen Kellermeier

»Diese Regierung sucht kritische Partnerschaft.«

VIII

Der intellektuelle Visionär

Unbequeme Wahrheiten

»Sie haben die Aufgabe – und die Chance –, unsere Deutschen von der Lebenslüge zu befreien, die zwei Jahrzehnte lang unseren Blick verdunkelt hat: mit anderen Worten, Sie können unser Volk auf die Realitäten aufmerksam machen, die durch das Jahr 1945 gesetzt worden sind. Auch wenn Sie als Kanzler scheitern sollten (die geringe Mehrheit der Koalition mag Ihnen dieses Geschick bescheren), dann werden Sie das Entscheidende geleistet haben, wenn Sie uns sagen, was zwei Jahrzehnte lang verschwiegen worden ist.«

Klaus Harpprecht 1970

Der SPD-Parteivorsitzende Willy Brandt im Gespräch mit Klaus Harpprecht in der ZDF-Fernsehsendung »Dialog«, 1965

DIALOG
MIT
WILLY BRAND

Vorkämpfer Brandtscher Politik – die Journalistenriege um Rudolf Augstein

Willy Brandt im »Spiegel«-Gespräch mit dem Herausgeber Rudolf Augstein, den Journalisten Günter Gaus, Erich Böhme und dem Stenographen Danecke (einst persönlicher Stenograph des Generalstabschefs Jodl im Führerhauptquartier), 1969

»Ahlers war die gleiche Art eigen, Können mit unkonventionellem Vorgehen zu verbinden.«

Brandt über Ahlers in seinen »Erinnerungen«

Außenminister Willy Brandt mit dem Staatssekretär Conrad Ahlers auf dem Nürnberger Parteitag 1968

»Ich nehme diese Auszeichnung an im Gefühl der Verbundenheit mit allen, an welcher Stelle auch immer ...«

Rut Brandt gratuliert ihrem Mann in der SPD-Baracke zum Nobelpreis

»Gemeinsame Probleme lösen heißt Bindungen und Verbindungen schaffen durch sinnvolle Kooperation der Staaten über die Grenzen der Blöcke hinweg. Dies heißt, Transformation des Konflikts. Dies heißt, wirkliche oder eingebildete Barrieren abtragen bei gegenseitigem friedlichem Risiko. Dies heißt, Vertrauen schaffen durch praktisch funktionierende Regelungen. Und dieses Vertrauen mag dann die neue Basis werden, auf der alte, ungelöste Probleme lösbar werden. Diese Chance zu nutzen, kann die Chance Europas sein in einer Welt, in der erwiesen ist, daß sie nicht allein von Washington, von Moskau – oder von Peking – regiert werden kann.«

Willy Brandt am 11. Dezember 1971 in Oslo

Willy Brandt und seine Frau Rut in der Lobby des Bundestags nach Bekanntgabe der Entscheidung des Nobelpreiskomitees in Oslo. Willy Brandt ist damit nach Gustav Stresemann (1926) und Ludwig Quidde (1927) der dritte deutsche Politiker, dem diese Ehrung zuteil wird

Diskussion mit Kardinal Julius Döpfner zum Paragraphen 218 im Kanzleramt am 12. März 1973

Politischer Fingerzeig

»Kardinal Döpfner hatte mir noch während unserer gemeinsamen Zeit in Berlin gesagt, zwischen seiner Kirche und meiner Partei deute sich eine Brücke an, aber begehbar müsse sie erst noch werden. Als wir uns in München wiedersahen, hatten uns die beiderseitigen Erfahrungen sehr viel näher gebracht; er schilderte mir seinen aufmüpfigen Priesternachwuchs und fügte hinzu: ›Nicht viel anders als Sie und Ihre Jusos!‹ Nach meinem Rücktritt brachte mir der Kardinal – zugleich im Namen seiner ›Mitbrüder im Bischofsamt‹ – seine ›Anteilnahme an der erlittenen menschlichen Enttäuschung‹ zum Ausdruck; das ging einigen zu weit, und es wurde bekanntgegeben, der Brief sei mit den übrigen Bischöfen nicht abgesprochen gewesen.«

Willy Brandt in seinen »Erinnerungen«

»Solche Probleme sind für die SPD nicht neu. Um es ganz offen zu sagen – und ich will nicht etwa sagen, daß ich damit immer recht gehabt habe, sondern nur erklären, was mich bewegt hat: Ich habe erstens ganz bewußt gewollt, daß von der unruhigen Jugend der Jahre um 1968 so viele wie möglich in der SPD landeten – so viele wie möglich derer, von denen ich glaubte, sie würden auf die Dauer dort auch zu Hause sein können –, statt sie ganz woanders stranden zu lassen. Dies ist in nicht geringem Maße gelungen, konnte aber nicht immer ganz reibungslos vor sich gehen.«

Willy Brandt im Gespräch mit dem NDR-Journalisten Jürgen Kellermeier 1976

Willy Brandt mit Karsten Voigt auf dem SPD-Parteitag in Bad Godesberg, 1974

Neu beginnen

»Einen Rebellionsversuch des rechten Flügels der SPD-Fraktion konnte Brandt abwehren. Richard Löwenthal, sein früherer Koautor und langjähriger politischer Weggefährte, hatte in einem Thesenpapier ›Zur Identität der Sozialdemokratie‹ davor gewarnt, daß sich die Partei Randgruppen öffne, die aus einer als hoffnungslos empfundenen Gesellschaft aussteigen wollten. Die SPD müsse die politische Organisation der ›Berufstätigen aller Art, also der Arbeiter, der Angestellten, der Selbständigen und des Großteils des öffentlichen Dienstes‹ bleiben. Annemarie Renger hatte diese Thesen an sechzig ausgewählte Adressaten mit der Bitte um Unterschrift verschickt. Prominentester Unterzeichner war Herbert Wehner. In einer Vorstandssitzung konterte Brandt: ›Der Trick ist durchschaut, es ist bemerkt worden, daß gesägt worden ist.‹ Daraufhin beeilte sich Wehner zu beteuern, er habe ›keinerlei Kritik an Willy Brandt‹ beabsichtigt.«

Peter Koch, »Willy Brandt«

Willy Brandt mit Professor Richard Löwenthal, dem 2. Vorsitzenden der SPD-Grundwerte-Kommission

Sozialdemokratische Vernissage

Am 20. September 1980 besuchen die Schriftsteller Lew Kopelew und Heinrich Böll den SPD-Parteivorsitzenden Willy Brandt im Ollenhauer-Haus. Hier vor einem Plakat der Berliner SPD von 1948

Feder-Führung

»Unser Volk kann stolz darauf sein, daß Männer und Frauen wie Sie im Geistesleben und in unserem Lande wirken und gewirkt haben. Wir wären ärmer ohne Sie.«

Willy Brandt mit Heinrich Böll in seinem Arbeitszimmer im Ollenhauer-Haus am 20. September 1980

Literarisches Quartett

Willy Brandt mit den Schriftstellern Günter Grass, Thaddäus Troll und Heinrich Böll 1974 im Sitzungssaal der SPD-Baracke

Willy Brandt und der Schriftsteller Günter Grass besprechen am 7. Mai 1969 in Bonn das Wahlkampfprogramm des Kanzlerkandidaten Willy Brandt

»Aber auch dies: Die Sozialdemokratische Partei hat über die Generationen hinweg immer wieder Kraft geschöpft aus dem, was ich das Bündnis mit dem geistigen Deutschland nenne. Wichtige Mithelfer, Freunde und Förderer der SPD aus Kunst und Wissenschaft, haben sich in den letzten Jahren etwas eingeigelt. Unser Rückhalt ist hier stiller, er ist passiver geworden. Ich wünsche, daß sich dies ändert, nicht nur unserer Partei wegen; es würde unserem Staat ohne dieses Engagement etwas fehlen.«

Willy Brandt auf dem Mannheimer SPD-Parteitag im November 1975

»Eine besondere Rolle spielte – an der Spitze einer beträchtlichen Zahl von Schriftstellern und bildenden Künstlern – Günter Grass. Er hatte mich schon im Wahlkampf 1961 zu einer Reihe von Veranstaltungen begleitet. Später begründete er eigene Wählerinitiativen und brachte vermutlich auch Stimmen, jedenfalls aber Farbe ins politische Geschäft. Städtebauer, Theaterleute, Naturwissenschaftler, Pädagogen stellen ihren Rat zur Verfügung und meldeten sich öffentlich zu Wort. Grass selbst, Heinrich Böll, Walter Jens, Max Frisch sprachen auf Parteitagen.«

Willy Brandt in seinen »Erinnerungen«

SPD-Parteivorsitzender Willy Brandt mit Vertretern der Friedensbewegung in seinem Wohnort Unkel, anläßlich der Friedensdemo am 20. Oktober 1984

»Friedenssehnsucht allein ergibt aber noch keine Friedenspolitik. Und so wenig wir falsche Graben ausheben dürfen, so sehr werden wir darauf zu achten haben, uns an der Verwechslung von Utopie und Realitätsverlust nicht zu beteiligen. Ich persönlich teile vieles von dem, was an Zielsetzung mit der Friedensbewegung verbunden ist, und ich habe Respekt vor den Überlegungen ihres argumentativen Teils auch dort, wo ich nicht zustimmen kann. Aber ich fürchte die Illusionen, die aus Realitätsferne entstehen, wie die Konsequenzen politischer Ohnmacht. Und mehr noch fürchte ich die irrationalen Folgen einer unvermeidlichen Desillusionierung.«

Rechenschaftsbericht vor dem Münchner SPD-Parteitag, April 1982

Willy Brandt im Gespräch mit Bonner Bürgern und Demonstranten anläßlich der Friedensdemonstration am Morgen des 22. Oktober 1983

Friedensbewegte Zeiten

»Ich finde, es ist kein Ruhmesblatt derer, die sich für eine politische Elite halten – ›classe politique‹ sagt man in Frankreich –, wenn sie in einer existentiellen Frage wie dem Wettrüsten hinter der Einsicht ›des Volkes‹ zurückbleiben oder wenn sie im Stil des Obrigkeitsstaates auf ›die Straße‹ schimpfen. Das sind doch keine Analphabeten, die uns in diesen Wochen einen besorgten, nicht selten bewegenden Brief nach dem anderen schreiben. Das sind Menschen aus allen Schichten und Altersgruppen, die wie unsereins meinen: Vermeintliche Sicherheit auf der Basis von immer mehr und immer raffinierteren Waffensystemen erscheint weder vernünftig, noch hat sie – wie sie und ich meinen – gar eine überhöhte Moral auf ihrer Seite.«

Willy Brandt auf dem Außerordentlichen SPD-Parteitag im November 1983 in Köln

Willy Brandt auf dem Juso-Kongreß am 30. Mai 1980 in Hannover

»Voller Neugier sind Sie lebenslang unterwegs, zum geistigen Wandel bereit. Den jungen kritischen Generationen sind Sie stets zugehörig – aktiv in Ihrer eigenen Jugend, später als ihr ihnen zugewandter, aber nun selbst nicht unkritischer Anwalt.«

Richard von Weizsäcker, 1989

Jiri Hájek und die Herausgeberin der »Zeit«, Marion Gräfin Dönhoff, gratulieren Willy Brandt auf dem internationalen Kulturabend am 18. Dezember 1989, anläßlich des SPD-Programmparteitages im ICC Berlin, zu seinem 76. Geburtstag. Außer Marion Gräfin Dönhoff hat Willy Brandt selten einer Dame einen Handkuß gegeben

Willy Brandt mit Bundespräsident Richard von Weizsäcker, Marianne von Weizsäcker und Brigitte Seebacher-Brandt anläßlich seines 75. Geburtstags in der Villa Hammerschmidt am 20. Januar 1989

Visionäre unter sich

»*›Links und frei‹*, so nannten Sie, lieber Herr Brandt, Ihr wohl persönlichstes Buch. Das ist ein aufrichtiges und glaubwürdiges Bekenntnis. Aber das hat Sie nie daran gehindert, offen zu sein für neue politische, soziale und geistige Bewegungen, allen ideologischen Abgrenzungen zu mißtrauen, die Menschen zusammenzuführen.«

Bundespräsident Richard von Weizsäcker in seiner Geburtstagsansprache am 20. Januar 1989

Zeit zum Nachdenken

»Gewiß kommen auch Unzulänglichkeiten in der Führung hinzu, von denen ich mich nicht ausnehme. Aber die Frage muß ausgeweitet werden: Warum hat nach 1969 und dann nach 1972 in der Öffentlichkeit das Bild der SPD als einer modernen, undoktrinären, wertorientierten und veränderungsbereiten Partei nicht unangefochten bestehen können? Warum ist uns das Vertrauen eines Teils derer, die uns gewählt hatten, nicht erhalten geblieben? Ich bin davon überzeugt, daß das auch mit Formschwächen der Partei zusammenhängt, mit mangelnder Einordnung und Geschlossenheit, mit dem Ausufern öffentlich geführter Diskussionen.«

Willy Brandt

»Er sprach keine sogenannten Machtworte und spielte nicht den Entscheidungshelden. Nicht selten zögerte er, bevor er zupackte. Und wenn er sich seiner Sache nicht sicher war, was durchaus vorkam, dann verbarg er es nicht. Das ist keine Schwäche, sondern gewissenhafte und aufgeklärte Verantwortung.«

Richard von Weizsäcker über Willy Brandt

Mitläufer

Willy Brandt mit dem Chefredakteur des »Spiegel« Rudolf Augstein in seinem norwegischen Refugium in der Nähe von Hamar nach seinem Rücktritt vom Kanzleramt im August 1974

60
0-100 m

IX

»...mehr Demokratie wagen.«

Der Reformpolitiker

Machtwechsel vollzogen – Reformen auf dem Vormarsch

»Wir wollen mehr Demokratie wagen. Wir werden unsere Arbeitsweise öffnen und dem kritischen Bedürfnis nach Information Genüge tun. Wir werden darauf hinwirken, daß nicht nur durch Anhörungen im Bundestag, sondern auch durch ständige Fühlungnahme mit den repräsentativen Gruppen unseres Volkes und durch eine umfassende Unterrichtung über die Regierungspolitik jeder Bürger die Möglichkeit erhält, an der Reform von Staat und Gesellschaft mitzuwirken.«

Willy Brandt in seiner Regierungserklärung 1969

Willy Brandt nach seiner Ernennung zum Bundeskanzler durch den Bundespräsidenten Gustav Heinemann am 21. Oktober 1969

Elefantentreffen

Bundeskanzler Willy Brandt trifft sich am 27. August 1973 im Gut Neuhof bei Neu-Isenburg mit Spitzenkräften der deutschen Wirtschaft. Hier u. a. mit dem Industriellen und Mitbegründer des Groß- und Außenhandelsverbandes Fritz Dietz, dem Präsidenten des DIHT Otto Wolff von Amerongen, dem Sprecher des Vorstandes der Daimler-Benz AG Joachim Zahn und dem Vorsitzenden der Volkswagen AG Rudolf Leiding

Arbeiterkind mit Arbeitgebern

Der Kanzler Willy Brandt im Gespräch mit den Tarifpartnern im Kanzlerbungalow. Hier mit Herbert van Hüllen (BDI) und DIHT-Präsident Hanns-Martin Schleyer am 7. Dezember 1971

FDP-Parteitag Freiburg, 29. und 30. Januar 1968: Rudi Dutschke bei einer Gegenveranstaltung unter freiem Himmel vor der Tagungshalle des Parteitages. Unten im Publikum Ralf Dahrendorf FDP, dahinter Axel Springer junior, genannt Sven Simon (halb verdeckt)

Aufstand

»Liebe Freunde, fast über Nacht, von vielen unbemerkt, ist eine Art neuer Internationale entstanden, die Internationale der Studenten. Natürlich repräsentiert sie bei weitem nicht alle Studenten, geschweige denn *die* Jugend. Mit allen Ungereimtheiten und Widersprüchen behaftet, die solchen Bewegungen eigen sind, ist es gleichwohl so etwas wie ein reißender Strom, der sich freilich aus sehr verschiedenen Quellen speist. Spießern fällt nun nichts anderes ein, als zu erschrecken oder sich bloß zu empören. Wir müssen kritisch prüfen – auch unsere eigene Haltung!«

Willy Brandt, 1968

Außenminister Willy Brandt und seine Frau Rut empfangen am 18. September 1968 die damaligen Jungsozialisten Johano Strasser und Wolfgang Roth

Generationenvertrag

»Wir brauchen die kritische Sympathie der sogenannten Außenseiter. Wir brauchen auch die unbequemen, die Querdenker. Sogar bunte Vögel, die sich eigentlich über uns lustig machen.«

Willy Brandt

Kommunikationskanäle

Bundeskongreß der Jungsozialisten in Bremen 1970

Face-Lifting – das siegreiche 72er Team

Das zweite Kabinett Brandt vor der Villa Hammerschmidt am 15. Dezember 1972

Wahlverwandtschaften

»Eine Partei muß im wesentlichen für Rahmenbedingungen sorgen, innerhalb derer sich geistiges Schaffen entfalten kann. Sie ist gut beraten, wenn sie möglichst viel von dem, was kulturelles Leben ist, in sich aufnimmt. verarbeitet und nutzt.«

Willy Brandt

Bundeskanzler Willy Brandt mit dem Schriftsteller Günter Grass und der Journalistin Wibke Bruhns, Prominente der Wählerinitiative für Brandt nach dem Wahlsieg 1972

Perspektiven wirtschaftlicher Reformen

Der SPD-Vorsitzende Willy Brandt und der Staatssekretär im Bundeswirtschaftsministerium und spätere erste Präsident der Treuhandanstalt Detlev Karsten Rohwedder während des Dortmunder SPD-Parteitags am 16. September 1976

Wandel der Mitbestimmung

»Es ist kein Geheimnis, daß die Partei wenig Verständnis hat für die Hindernisse, die der Überwindung gewisser gewerkschaftlicher Organisationszäune im Weg stehen.«

Willy Brandt

Willy Brandt im Gespräch mit dem Vorsitzenden und Konstrukteur der IG Metall Otto Brenner auf einer Gartenparty auf dem Bonner Venusberg am 14. Mai 1969

»... ein Amt aufgegeben, nicht eine politische Aufgabe.«

Willy Brandt, einen Monat nach seinem Rücktritt als Bundeskanzler, setzt die Reformpolitik fort.
Borken, 15. Juni 1974

Damenwahl

»Die SPD hat sich zwar vor allen anderen Parteien die Frauenfrage gestellt. Aber: Innerhalb der Partei lebten all die konservativen Strukturen fort, die es den Frauen schwermachten.«

Bundeskanzler Willy Brandt empfängt den Bundesfrauenausschuß des DGB im Bungalow des Kanzleramtes am 11. August 1972

Politische Frischluft in Bonn – 11. August 1972

Willy Brandt auf dem Weg vom Kanzleramt zum sogenannten Kanzlerbungalow, der während der Amtszeit Brandts nicht privat genutzt wurde. Dort erwartete ihn eine Delegation des DGB-Bundesfrauenausschusses unter Leitung des DGB-Vorstandsmitglieds Maria Weber (CDU)

Offizierscasino

»Die Bundeswehr ist die Verteidigungsmacht einer Demokratie. Das erfordert, daß insbesondere diejenigen, die in der Bundeswehr Menschen führen, bewußte Staatsbürger sind.«

Willy Brandt in »Reden und Interviews«

Im Dialog mit allen gesellschaftlichen Gruppen lud Außenminister Willy Brandt auch Offiziere, Mannschaften und Beamte der Bundeswehr ein. Hier im August 1969 in seiner Dienstwohnung auf dem Bonner Venusberg

Der Bürger in Uniform

»Die Beziehungen zwischen der Gesellschaft und den Streitkräften sind heute ganz anders als in früheren Abschnitten unserer jüngeren Geschichte, ... anders auch als in der Weimarer Zeit.«

Willy Brandt

Bundeskanzler Willy Brandt überreicht dem scheidenden Generalinspekteur der Bundeswehr Ulrich de Maizière im Juni 1970 im Bundeskanzleramt das große Bundesverdienstkreuz mit Stern und Schulterband, die höchste Auszeichnung, die Bundesbürgern zuteil werden kann

Vetternwirtschaft

»Jeder objektiv Urteilende wird bestätigen müssen, daß der Deutsche Gewerkschaftsbund und die Einzelgewerkschaften bei der Erfüllung ihrer Aufgaben über die Jahre hinweg immer auch die Gesamtverantwortung im Auge gehabt haben. Ich weiß, daß diese Haltung nicht immer leicht gewesen ist; gerade deshalb verdient sie Respekt.«

Willy Brandt in »Reden und Interviews«

Bundeskanzler Willy Brandt mit dem DGB-Vorsitzenden Heinz Oskar Vetter im Bundeshaus am [illegible]. Dezember 1973

Die Kunst des Möglichen

Bundeskanzler Willy Brandt mit dem Vorsitzenden der IG-Metall Eugen Loderer in seinem Arbeitszimmer im Bundeskanzleramt am 21. Juni 1972

Freundschaft über die Tarifpartnerschaft hinaus

55. Geburtstag von Willy Brandt im Rheinhotel Dreesen, Godesberg, Dezember 1968. Willy Brandt im Gespräch mit seinem Freund, dem DGB-Vorsitzenden Ludwig Rosenberg. Rosenberg hat nach dem Tod von Hans Böckler den DGB zu einem kraftvollen Instrument zum Schutze der Arbeitnehmer ausgebaut. Aber schon bald zeigen sich Erosionen

X

»...wie wir miteinander umgehen in der Partei.«

Der SPD-Vorsitzende

Im Vorhof zur Macht

Willy Brandt wird auf dem Dortmunder SPD-Parteitag im Juni 1966 in seinem Amt als Parteichef bestätigt, wenige Monate vor der Regierungsbeteiligung seiner Partei in Form der Großen Koalition, in die Brandt als Außenminister und Vizekanzler eintritt

Unter Aufsicht des Mentors

SPD-Parteitag 1968
Willy Brandt spricht zu seinen Mitarbeitern.
Herbert Wehner am Fuße des Podiums

Godesberg, ach Godesberg ...

Der Godesberger SPD-Bundesparteitag im Jahre 1959 verabschiedet das historische Godesberger Programm, das ein Bekenntnis zur sozialen Marktwirtschaft und zur Politik der Westintegration enthält. Willy Brandt war Mitautor des Programms

Feind, Erzfeind, Parteifreund...

Herbert Wehner, Saulus und Paulus zugleich; er protegierte Brandt und gestaltete maßgeblich den Aufstieg des SPD-Politikers, inszenierte jedoch auch seinen Abgang als Kanzler im Jahre 1974, als Brandt durch die Guillaume-Affäre in Bedrängnis geraten war

Willy Brandt, Herbert Wehner

Willy Brandt im Gespräch mit Frank Sommer, ab 1964 zunächst stellvertretender Sprecher, von 1966 bis 1969 Sprecher der SPD. Sommer, 1966 mit damals 26 Jahren der jüngste Parteisprecher in der Parteiengeschichte erinnert sich:

»Mich als jungen Menschen hat in dieser Zeit vor allem anderen die eiserne Disziplin tief beeindruckt, mit der sich der SPD-Vorsitzende als Außenminister unter einem CDU-Kanzler in die Pflicht nahm. Willy Brandt wollte diese Koalition nicht, auch wenn er sie schließlich als notwendige Übergangsphase zur Erlangung der vollen Regierungsverantwortung durch die SPD akzeptierte. Er mochte auch den Bundeskanzler Kurt Georg Kiesinger nicht, den Politiker nicht und auch nicht den Menschen. Manchmal, am Ende eines schweren Arbeitstages und unter Menschen, denen er vertraute, brach dann der angestaute Frust eruptiv aus ihm heraus. Dieser Konflikt ist zugleich der Schlüssel zum Verständnis seines Verhältnisses zu Herbert Wehner, das mit ›konfliktgeladen‹ noch sehr diplomatisch umschrieben ist. Nur als Übergangsphase zur Erlangung der Regierungsfähigkeit und Macht für die SPD hatte er der Bildung der ungeliebten ›Großen Koalition‹ zugestimmt. Schon bald mußte er jedoch erkennen, daß der ›Zuchtmeister‹ der SPD, Herbert Wehner, sich nicht nur als Architekt des Bündnisses zwischen CDU/CSU und SPD verstand, sondern zu seinem Bewahrer werden wollte, vielleicht weit über das Jahr 1969 hinaus. Hier ist die Wurzel für das unheilbare Zerwürfnis dieser beiden großen Männer zu suchen.«

Ein neues Gesicht

Unter den Ehefrauen der Parteiprominenz Rut Brandt, auf dem SPD-Sonderparteitag im Februar 1964 in Godesberg. Schick und großstädtisch elegant, ist sie in ihrer Umgebung ein wenig fremd. Neben ihr Martha Ollenhauer, Lotte Wehner, Käthe Erler, Helene Wessel und Greta Burmeester, später Frau von Herbert Wehner

Godesberg II – Etappenziel erreicht

Willy Brandt wird auf dem SPD-Sonderparteitag im Februar 1964 in Godesberg zum Parteivorsitzenden gewählt und tritt die Nachfolge Erich Ollenhauers an. Der neue Vorsitzende mit den Vorstandskollegen Fritz Erler (Fraktionsvorsitzender) und Herbert Wehner

Gruppenbild mit Vorvätern

Willy Brandt übernimmt in der Nachfolge Kurt Schumachers und Erich Ollenhauers die Führung der Sozialdemokratie für 23 Jahre. Hier in seinem Arbeitszimmer in der SPD-Baracke in Bonn im Sommer 1965

»Der jeweilige Erste hat es nie ganz leicht; er ist von den anderen abhängig und diese von ihm. Einer sägt immer an seinem Stuhl, meistens mehrere; es ist schwierig, offen miteinander umzugehen.«

Heinrich Albertz, enger Vertrauter und Weggefährte Willy Brandts, in einem Brief an den scheidenden SPD-Vorsitzenden 1987

Willy Brandt mit seinen neugewählten Vorstandskollegen auf dem SPD-Sonderparteitag im Februar 1964

Konfirmation

... durch die Wählerschaft war ihr Ziel

SPD-Parteitag in Karlsruhe, 23. bis 27. November 1964. Durch die Vorstellung einer Regierungsmannschaft machte Brandt den Anspruch der SPD auf die Macht deutlich. Ihr gehörten an (v. l. n. r.) Carlo Schmid, Käthe Strobel, Karl Schiller, Willy Brandt, Fritz Erler, Alex Möller. Hintere Reihe: Herbert Wehner, Ernst Schellenberg, Helmut Schmidt, Gustav Heinemann, Waldemar von Knoeringen

»Bitte, meine Herren, keine Experimente in der Großen Koalition.«

Konrad Adenauer im Gespräch mit Professor Carlo Schmid, Willy Brandt, Alex Möller. Ganz rechts Klaus Sönksen, Brandts persönlicher Referent

Gewissensbisse

Helmut Schmidt und Willy Brandt bei der Feier anläßlich der 15. Jahrestags des Godesberger Programms am 15. November 1974, sechs Monate nach Brandts Rücktritt vom Amt des Bundeskanzlers

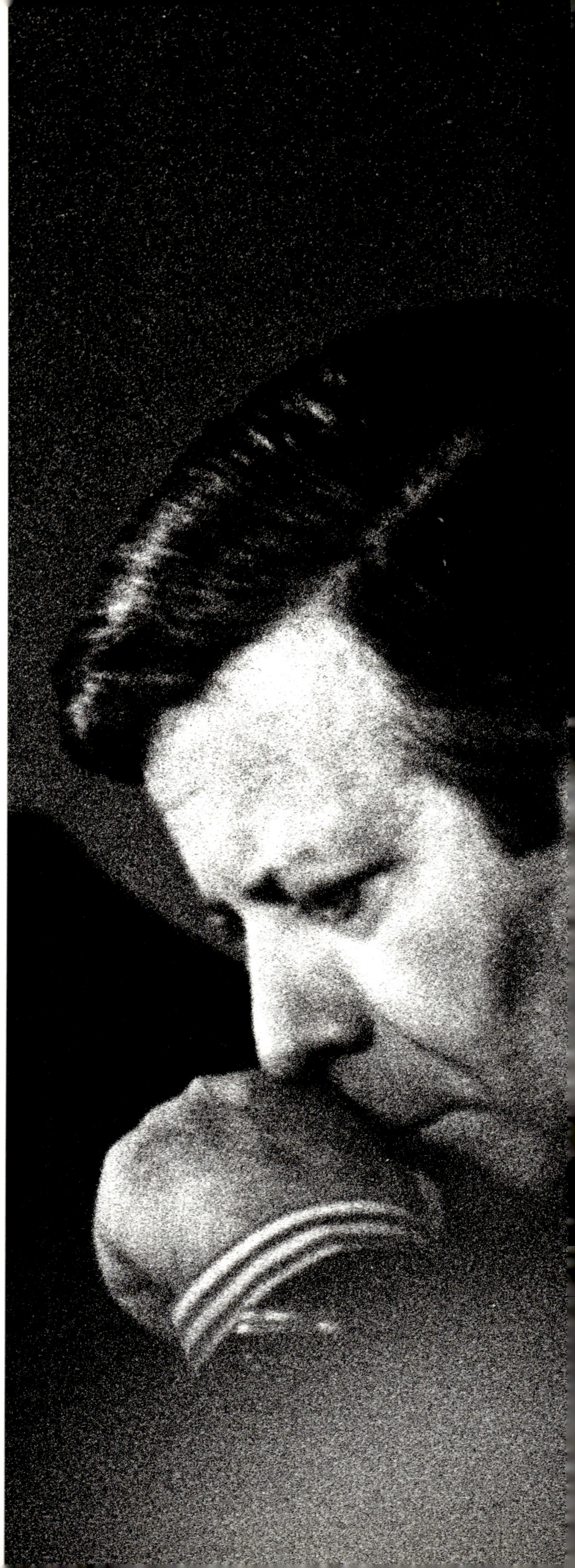

Ein verschnupftes Verhältnis

Willy Brandt und Helmut Schmidt bei der Feierstunde anläßlich des 15. Jahrestages des Godesberger Programms in der Stadthalle Bonn-Bad Godesberg, November 1974

»... und die alten Lieder klingen.«

Willy Brandt mit den Gewerkschaftsführern Kluncker (ÖTV), Vetter (DGB) und Brandt (DAG) sowie dem nordrhein-westfälischen Ministerpräsidenten Heinz Kühn auf der Konferenz der SPD-Arbeitsgemeinschaft für Arbeitnehmerfragen (AfA) 1973 in Duisburg

Parteisoldaten beim Appell

Der SPD-Vorstand beim Erinnerungsfoto vor dem Abbruch der alten SPD-Baracke im Herbst 1973

SPD

Rauchende Colts

Wahlabend in der SPD-Baracke zur Bundestagswahl am 19. November 1972, bei der die SPD mit über 45 Prozent der Stimmen erstmalig stärkste Partei wurde

Prickelnde Gefühle

Hypokrit Herbert Wehner beim 60. Geburtstag Willy Brandts im Dezember 1973 im Bonner Kanzleramt, das Brandt sechs Monate später auch auf Betreiben Wehners verlassen muß

Endspiel

Brandt und Wehner auf der SPD-Fraktionssitzung am 12. März 1974, zwei Monate vor Brandts Rücktritt als Bundeskanzler

Comeback

Willy Brandt nutzt innerparteiliche Foren für die Festigung seiner politischen Position nach dem Rücktritt 1974, hier eine außenpolitische Konferenz im Bundeshaus, Bonn 1975

Die graue Eminenz, den Dolch im Gewande

Der langjährige SPD-Fraktionschef Herbert Wehner wirkte auch nachhaltig auf den politischen Werdegang Willy Brandts ein

Bonn 1978

Drei Musketiere der SPD

Willy Brandt mit Klaus von Dohnanyi, dem Ersten Bürgermeister Hamburgs, und dem stellvertretenden SPD-Vorsitzenden und nordrhein-westfälischen Ministerpräsidenten Johannes Rau auf dem Nürnberger Parteitag der SPD im August 1986

Vier sozialdemokratische Herren blicken nach vorn

SPD-Wahlparteitag in Dortmund am 21. Januar 1983 im Vorfeld der Bundestagswahl am 6. März 1983 und nach dem Verlust der Regierungsverantwortung im Oktober 1982. Hans-Jochen Vogel wird zum Kanzlerkandidaten nominiert

Erzwungene Gemeinsamkeit

Verabschiedung

Willy Brandt und Helmut Schmidt auf der SPD-Vorstandssitzung im Erich-Ollenhauer-Haus nach der verlorenen Bundestagswahl 1983. Schmidt tritt endgültig von der parteipolitischen Szene ab

Weggefährten

Willy Brandt und der langjährige Bürgermeister Bremens, Hans Koschnick, pflegten eine innige Freundschaft und tiefe Loyalität, Mai 1985 in Moskau

Der mit den Klarsichthüllen

Willy Brandt und sein Nachfolger im SPD-Parteivorsitz Hans-Jochen Vogel vor der Bundespressekonferenz im August 1984

Bewerbungsgespräch

Der SPD-Vorsitzende Willy Brandt im Gespräch mit der früheren FDP-Bundestagsabgeordneten Ingrid Matthäus-Maier, die aufgrund des Koalitionswechsels der FDP 1982 zur SPD übertrat, am Rande des SPD-Wahlparteitages in Dortmund am 21. Januar 1983

»Wie an der Saar Oskar Lafontaine, der neue Ministerpräsident, dessen Stern gerade erst aufging.«

Der Enkel im Hintergrund, Oskar Lafontaine, seit 1985 Ministerpräsident des Saarlandes, und Willy Brandt auf einer SPD-Wahlkampfveranstaltung im rheinland-pfälzischen Idar-Oberstein im November 1986

Funken auf einer Wellenlänge: »Streben nach der Mehrheit links von der Union.«

Willy Brandt mit Enkel Gerhard Schröder, der die CDU Niedersachsens nach 14jähriger Regierungsverantwortung 1990 auf die Oppositionsbänke verweist und eine Koalition aus SPD und Grünen schmiedet, hier auf dem Essener SPD-Parteitag 1984

»Rudolf, ein neuer Stern am Parteihimmel...«

Die Zeichen der Zeit erkannt

Willy Brandt mit der goldenen Taschenuhr August Bebels, die er als SPD-Vorsitzender treuhänderisch in seinem Besitz hatte, hier im August 1982

Anwartschaften

Oskar Lafontaine und Rudolf Scharping auf den Spuren Willy Brandts im Streben nach der Führungsrolle in der SPD...

...der rheinland-pfälzische Ministerpräsident Rudolf Scharping reüssiert und übernimmt 1993 nach einer Urabstimmung der SPD-Mitgliedschaft den SPD-Parteivorsitz und wird zum Kanzlerkandidaten gekürt

Während des Bundestagswahlkampfs am 19. November 1986 in Idar-Oberstein

Der Stuhl des SPD-Vorsitzenden beginnt
zu wackeln

Oskar Lafontaine, Hans-Jochen Vogel, Willy Brandt und Johannes Rau im SPD-Parteivorstand am 23. Februar 1987, wo hinter dem Rücken Brandts das Personaltableau kräftig bewegt wurde

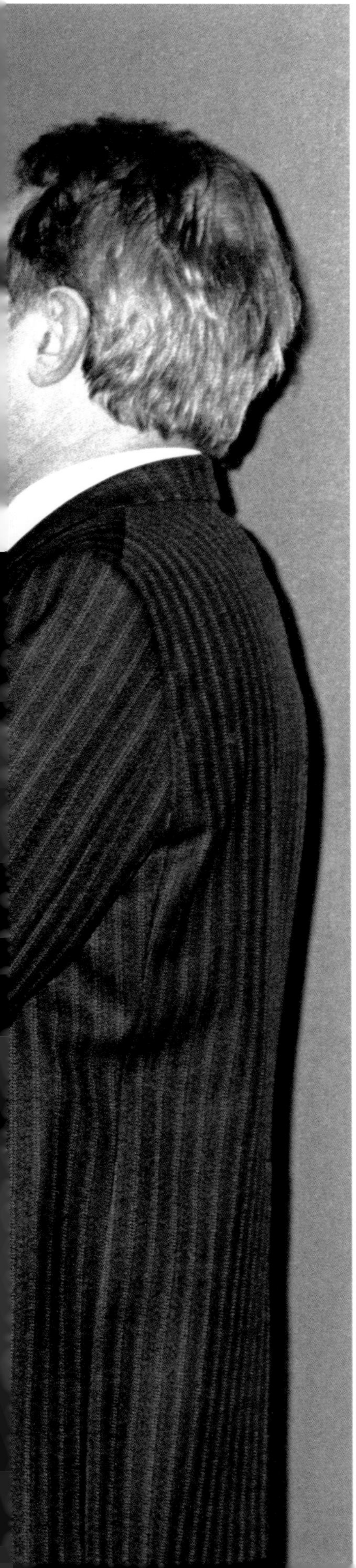

Willy Brandt und Margarita Mathiopoulos im Ollenhauer-Haus am 23. März 1987

»Im Frühjahr '87 jedenfalls kam es mir darauf an, gerade den Sprecherposten mit einer Frau zu besetzen; gutes Aussehen sollte kein Hinderungsgrund sein.
Ich hörte keinen Widerspruch, als ich befand, daß die künftige Sprecherin nicht unbedingt schon Parteimitglied sein müsse; vielleicht, so dachte ich, könnte eine nicht mit Betriebsblindheit geschlagene, intelligente Person sogar eine besondere Fähigkeit entwickeln, einer breiten Öffentlichkeit unsere Innen- und gerade auch Außenpolitik nahezubringen. Wer auch immer den Posten bekleidet, er oder sie soll nicht in die Partei hineinwirken, sondern diese nach außen vertreten. Im engeren Kreis wurde es nicht einmal als Hinderungsgrund gesehen, jedenfalls redete keiner davon, daß meine Kandidatin die Tochter nichtdeutscher Eltern war; die in Deutschland geborene Griechin war in Bonn zur Schule gegangen und hatte hier ihren Doktorhut erworben. Als der Vorschlag bekannt wurde, setzte in Teilen der Partei und besonders heftig in den Reihen der Abgeordneten ein Sturm der Entrüstung ein. Das Unbehagen über die mangelnde Parteinähe der Kandidatin konnte ich zur Not noch verstehen, doch mancherorts verbreitete sich Mief, wo Stallgeruch noch gutgetan hätte. Gar nicht verständlich war mir, daß Sozialdemokratinnen, die sonst die Gleichberechtigung bemühten, im konkreten Fall wenig Interesse zeigten oder sogar widerborstig wurden. Für vorgeschoben hielt ich das Argument mangelnder journalistischer Erfahrung; es wurde in einer Ecke vorgebracht, in der man sich darauf verstand, publizistischen Gegenwind zu erzeugen, ohne viel nach dem politischen Gegner zu fragen. Daß an einigen Stellen die Gelegenheit gesehen und genutzt wurde, mir ein Bein zu stellen, war leicht zu erkennen und noch leichter zu verschmerzen. Getroffen hat mich allerdings, daß sich fremdenfeindliche Briefe – auch aus der eigenen Partei und deren Umfeld – auf meinem Schreibtisch häuften; dabei hat man mir nicht einmal alle gezeigt.
Hätte ich insistiert, wäre ich mit meinem Vorschlag durchgekommen. Doch ich insistierte nicht.«

Willy Brandt in seinen »Erinnerungen«

»Mitgetan zu haben, daß der deutsche Name, der Begriff des Friedens und die Aussicht auf europäische Freiheit zusammengedacht werden, ist die eigentliche Genugtuung meines Lebens.«

Willy Brandt in seinen »Erinnerungen«

»Ich entferne mich rascher von der SPD, als ich geahnt hätte. Von dem Verein, nicht von der Idee.«

Willy Brandt

Außerordentlicher SPD-Parteitag in Bonn, 14. Juni 1987: Willy Brandt verabschiedet sich von seiner aktiven Parteiarbeit. Nach seiner Abschiedsrede tritt er bescheiden ins Glied seiner einfachen Genossen zurück. Nun können die jungen Kräfte zeigen, wie es weiter geht. Vorne Hans-Jochen Vogel

Späte Einsichten

Helmut Schmidt verabschiedet Willy Brandt auf dem SPD-Sonderparteitag 1987 als Parteivorsitzender, im Hintergrund Hans Koschnick

Reminiszenzen

Festakt »20 Jahre Gründung der sozialliberalen Koalition« in der Godesberger Redoute im Oktober 1989. Willy Brandt mit dem Ehepaar Schmidt, dem SPD-Vorsitzenden Hans-Jochen Vogel, ganz rechts Horst Ehmke, daneben FDP-Chef Otto Graf Lambsdorff

Nicht frei von liberalem Ambiente

Willy Brandt, Helmut Schmidt und im Hintergrund FDP-Chef Otto Graf Lambsdorff, der 1982 den Sozialdemokraten das Ende ihrer Regierungsverantwortung bescherte.

Hamburg 1991, 80. Geburtstag von Professor Karl Schiller, dem ehemaligen Bundesminister für Wirtschaft

»Partei ist schon vom Wortsinn her Teil des Ganzen.«

SPD-Vereinigungsparteitag, Berlin 1990 – die SPD-Führung unter Hans-Jochen Vogel, Wolfgang Thierse und Oskar Lafontaine präsentiert gemeinsam mit dem Ehrenvorsitzenden Willy Brandt die Vereinigungsurkunde

XI

»... wir sind nicht zu Helden geboren.«

Vordenker der Sozialdemokratie

»... und mag geahnt haben, daß es eine lebensentscheidende Begegnung war.«

Berlins Regierender Bürgermeister Ernst Reuter und der Senatspräsident Adolf Schönfelder mit einem nach relativ unbekannten Herrn aus Berlin, der bald zum Vordenker der SPD wurde

SPD-Parteitag in Dortmund 1952

Am 24. September 1952 nahm der SPD-Parteitag in Dortmund seine Arbeit auf. Als Nachfolger von Kurt Schumacher wählte das Gremium am 27. September Erich Ollenhauer, der am 14. Dezember 1963 starb. An seine Stelle trat auf einem außerordentlichen Parteitag am 16. Februar 1964 in Bad Godesberg Willy Brandt. Im Bild: links Erich Ollenhauer mit dem Berliner Bürgermeister Ernst Reuter und Fritz Heine, Mitglied des geschäftsführenden Parteivorstandes

»Weit mehr, als dies geschieht, deutlich machen, woran sie sich orientieren und wie sie die Phantasie der Menschen für gemeinsame Ziele mobilisieren wollen. Da ist ein erhebliches Feld zu beackern.«

Willy Brandt mit der neugewählten Führungsriege der SPD, Parteitag Köln 1962, Herbert Wehner, G. August Zinn, Lucie Berger, Erich Ollenhauer, Alfred Nau, Fritz Erler, Metzger (sen.), Gustav Heinemann, Waldemar von Knoeringen, Irma Keilhack, Alex Möller, Heinz Kühn, Käte Strobel, Heinrich Deist, Karl Wienand, Max Brauer, Martha Schanzenbach, Annemarie Renger, Georg Leber, Jockel Fuchs, Wilhelm Kaeber, Wilhelm Eichler, Erich Schoettel, Prof. Carlo Schmid, Egon Frank, Willy Brandt

»Es bewegt sich jetzt aber eine ganze Menge. Wenn Sie eine Partei haben, in der die Frauen dreißig Prozent der Mitglieder stellen, müssen sich die Frauen gewiß auch selbst rühren, sonst räumt ihnen niemand die Plätze. Das haben die SPD-Frauen verstanden.«

Gruppenfoto von Helene Wessel (vormals Zentrum), Dr. Elisabeth Selbert und Friederike Nadig (v. l. n. r.), anläßlich der SPD-Bundes-Frauenkonferenz am 2. und 3. November 1963 in Frankfurt am Main. Alle Damen waren Mitglieder des Parlamentarischen Rates; die vierte Frau war Helene Weber, CDU. Der Parlamentarische Rat bestand weiter aus 61 Männern. Auf Frau Dr. Selbert geht die Festschreibung der grundgesetzlichen Gleichberechtigung von Mann und Frau zurück. Damals (1949) keine Selbstverständlichkeit ...

»Ich glaube, daß das Ja zu Europa auch zu seinen Ansätzen ... gesagt werden müßte.«

Willy Brandt trat – wenn auch vorsichtig – gegen Kurt Schumacher auf, der ein kategorisches Nein zur Europapolitik der Regierung Adenauer verlangte, die Schumacher als »konservativ, klerikal, kapitalistisch und kartellistisch« abtat.
Willy Brandt auf dem SPD-Parteitag in Karlsruhe im November 1964. In seinem Grundsatzreferat bringt er den Anspruch auf die Regierung unmißverständlich zum Ausdruck. Im Hintergrund das Porträt von Kurt Schumacher

»Eine Partei muß wissen, was sie kann, aber ebenso wissen, wozu sie nur bedingt da ist. Sie darf nicht Ansprüche erheben und Hoffnungen wecken, die sie nicht einlösen kann. Es ist nicht Aufgabe der SPD, das geistige Deutschland anzuführen, sondern ihm Freiraum zu schaffen und sich von ihm beeinflussen zu lassen.«

Willy Brandt als Delegierter der SPD Berlin auf dem Münchner SPD-Parteitag 1954

»Er wollte gern mehr tun, als ihm das Amt erlaubte. Was er tat, war mehr, als er erkennen oder gar anerkennen wollte – durch sein schlichtes und wahrhaftiges Beispiel als Bürgerpräsident, als Mahner zum Ausgleich, auch als Hüter freiheitlicher Traditionen in der deutschen Geschichte.«

Willy Brandt über Bundespräsident Gustav Heinemann in seinen »Erinnerungen«

Hier Gustav Heinemann mit Herbert Wehner beim Festakt zum 15. Jahrestag des Godesberger Programms am 15. November 1974 in der Godesberger Stadthalle

»Dieses Resümee von Gemeinsamkeiten...«

Die Mitautoren des Godesberger Programms: Fritz Erler, stellvertretender SPD-Vorsitzender, Willy Brandt und Herbert Wehner

»Ich glaube an die Vielfalt und also an den Zweifel. Er ist produktiv. Er stellt das Bestehende in Frage. Er kann stark genug sein, versteinertes Unrecht aufzubrechen. Der Zweifel hat sich im Widerstand bewiesen. Er ist zäh genug, um Niederlagen zu überdauern und Sieger zu ernüchtern.«

»Wenn Sie die Mehrheit nicht irgendwann, sondern hier und jetzt anstreben, dann erfordert das einen Preis. Dann können Sie sich nicht einfach lösen von dem, was das Denken und Empfinden, das gesellschaftliche Empfinden der Menschen ausmacht, die sie gewinnen wollen. Sie können nicht zu gleicher Zeit Mehrheitspartei und Avantgarde sein. Aber in einer Partei vom Typ der SPD muß gleichwohl das avantgardistische Element drin sein.«

»Leute in den Parteivorstand schicken, die den Mut haben, Gottvater auch einmal kräftig auf den Schlips zu spucken.«

Jochen Steffen

SPD-Fraktionschef Herbert Wehner im Gespräch mit Juso-Vertreter Karsten Voigt, Bremen 1970

»... daß der Mensch dann zum erstenmal in seiner Geschichte jedem die Entfaltung seiner Persönlichkeit in einer gesicherten Demokratie ermöglichen kann. Nur durch eine neue und bessere Ordnung der Gesellschaft öffnet der Mensch den Weg in seine Freiheit. Diese neue und bessere Ordnung erstrebt der demokratische Sozialismus.«

Godesberger Programm der SPD

1972 – kurz vor der Bundestagswahl. Bundeskanzler Willy Brandt empfängt in seiner Dienstwohnung am Kiefernweg auf dem Bonner Venusberg die Journalisten David Binder (New York Times) und Hans-Ulrich Kempski (Süddeutsche Zeitung)

Willy Brandt, Mitautor des Programms, auf der Feier anläßlich des 25. Jahrestages der Annahme des Godesberger Programms am 12. November 1984

»Das hat vielmehr mit der Einsicht zu tun, daß eine weniger radikale Änderung zum Besseren mehr wert ist als eine radikale, der die Konterrevolution auf dem Fuß folgt. Wer's mit der Demokratie ernst meint, kann nicht schneller gehen, als die Mehrheit es friedlich hinnimmt.«

Willy Brandt auf dem Wiesbadener Juso-Kongreß im Februar 1975, links stehend Heidemarie Wieczorek-Zeul, die »rote Heidi«

»Brandts Name verbindet sich ... auch mit etwas stets Suchendem, Tastendem, der Bereitschaft zu Neuanfängen ... Brandt wollte, daß sich die SPD öffnet für die Jungen, die ›grün‹ dachten, ... und den Generationswechsel wahrmachen.«

Gunter Hofmann in seinem »Portrait eines Aufklärers aus Deutschland«

Bekenntnis zum ethischen Sozialismus

»... daß an den eigentlichen Wendepunkten der geschichtlichen Entwicklung den geistigen Kräften und den moralischen Werten ein besonderes Gewicht innewohnt.«

Willy Brandt mit Erhard Eppler, prägende Persönlichkeit der SPD-Grundwertekommission, in der SPD-Baracke im Januar 1973

»... mein Freund ... Carlo Schmid, der die geistigen Elemente der Politik so brillant, würdig und menschlich zu formulieren vermag.«

Willy Brandt in »Begegnungen und Einsichten«

»Eine Partei muß für viele Strömungen offen sein, muß Menschen Chancen, auch ein wenig Orientierung geben. ... Aber man wird aus einer Partei wie der SPD nicht eine philosophische oder den Parnaß ersetzende Institution machen.«

Willy Brandt auf dem Kongreß der Jungsozialisten in Hannover im Mai 1980, rechts Karsten Voigt, heute außen- und sicherheitspolitischer Sprecher der SPD-Bundestagsfraktion

XII

»… auf mancherlei Anfeindungen gefaßt.«

Der sozialdemokratische Patriot

»Nonkonformisten haben es in Deutschland nie leicht gehabt.«

Willy Brandt

»Außenseiter zu sein, bedeutete natürlich oft Einsamkeit. Aber Einsamkeit hat mich eigentlich nie geschreckt. Sie hat mich nicht als etwas Belastendes beschäftigt. Ich habe auch nie Angst davor gehabt...«

Willy Brandt

»Ein Agitator namens Frahm«

»Aber Herr Brandt, ich weiß gar nicht, was Sie wollen. Wenn ich was gegen Sie hätte, würde ich es Ihnen doch sagen.«

Konrad Adenauer zu Willy Brandt

Willy Brandt und Bonner Parteien-Establishment

Am 20. Dezember 1973 versammeln sich die Vertreter der Parteien im Kanzleramt zur Unterrichtung über die Energiesituation. (v. l. n. r.: Willy Brandt, Professor Karl Carstens, Richard Stücklen, Helmut Kohl, Hans-Dietrich Genscher, Wolfgang Mischnik.)

Bayerische Profilierungen

»... von ihm stammte nicht nur die rasche Einstufung politisch Andersdenkender als ›Werkzeug Moskaus‹, sondern auch die ehrabschneidende Frage: ›Was haben Sie in den zwölf Jahren draußen gemacht?‹«

Willy Brandt über Franz Josef Strauß in seinen »Erinnerungen«

Am 27. November 1973 lud Willy Brandt Vertreter der Oppositionsparteien zur Beratung der Energiekrise ins Kanzleramt

The Odd Couple

»Kiesinger mangelte es nicht an guten Absichten, wohl aber an der Entschlußkraft, über den eigenen Schatten zu springen ...«

Willy Brandt über Kiesinger in seinen »Erinnerungen«

55. Geburtstag von Willy Brandt im Rheinhotel Dreesen, Godesberg Dezember 1968. Außenminister Brandt im Gespräch mit seinem Kanzler Kurt Georg Kiesinger

Trink-Fest

»Es wird nicht an den Freidemokraten liegen, ob die Koalition durchsteht oder nicht.«

Hans-Dietrich Genscher

Willy Brandt mit Außenminister Hans-Dietrich Genscher im Park der Redoute am 30. September 1981

Lachender Verlierer

»Sie waren schmähenden Angriffen ausgesetzt, und eine Elefantenhaut haben Sie nicht. Aber Sie haben eher leise reagiert, im Herzen souverän.«

Bundespräsident Richard von Weizsäcker 1989 über Willy Brandt

Nach der verlorenen Bundestagswahl am 3. Oktober 1976 gratuliert der CDU-Vorsitzende Helmut Kohl dem SPD-Vorsitzenden Willy Brandt im Bundeshaus

Zündstoff

»Rainer Barzel zog nicht.«

Willy Brandt in seinen »Erinnerungen«

Bundeskanzler Willy Brandt mit dem CDU-Vorsitzenden Rainer Barzel in einem Gespräch am 23. Dezember 1970 im Bundeskanzleramt über die allgemeine politische Lage

Polit-Polonaise

»Nur das erklärt seine einzigartige Integrationskraft: Er wurde gehört bis weit ins Lager seiner politischen Gegner hinein.«

Der niedersächsische Ministerpräsident Gerhard Schröder 1992 über Willy Brandt

Der SPD-Vorsitzende Willy Brandt mit den Vorsitzenden der FDP, Martin Bangemann, und der CDU, Helmut Kohl

Altbundeskanzler

»Wer nichts mehr werden will und das meiste schon gesehen hat, mag mit der gängigen Wichtigtuerei nicht mehr konkurrieren. Und mancherlei Details kommen einem mit zunehmendem Alter eben noch weniger wichtig vor als in jüngeren Jahren.«

Willy Brandt mit Amtskollegen im Ruhestand: Kurt Georg Kiesinger und Helmut Schmidt, Oktober 1979

XIII

»...man hat sich bemüht.«

Der Mensch Willy Brandt

Mutter Courage

Willy Brandt mit seiner Mutter im Oktober 1965 in Lübeck

Zwei Tüftler

Willy Brandt mit Sohn Mathias beim Spielen in der Dienstwohnung auf dem Bonner Venusberg

Familienbande

Rut Brandt mit ihrem dritten Sohn Mathias

»... nicht der Selbstzufriedenheit verfallen.«

Wirklich- Freunde sind rar

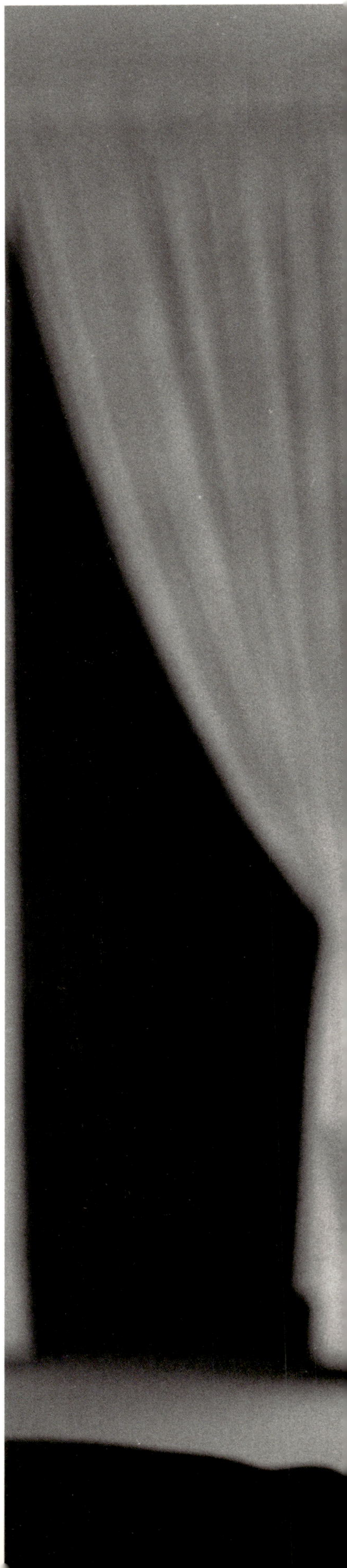

Letzte Abstimmung

Außenminister Willy Brandt und Frau Rut bei der Anzugkontrolle vor dem Presseball des Jahres 1967 in Bonn

»Der Anzug – oben Staatsmann, unten Urlauber, genügte für ein angemessenes Portrait. So fotografierte ich den gar nicht vergrätzten und alles verzeihenden Willy.«

Jupp Darchinger

Jupp Darchinger – oben Hoffotograf, unten Urlauber

Margarita Mathiopoulos

Nach seinem Rücktritt vom Kanzleramt ging Willy Brandt in sein norwegisches Refugium in der Nähe von Hamar. Hier wurde er vom Herausgeber des »Spiegel« Rudolf Augstein und dem Fotografen Jupp Darchinger anläßlich eines »Spiegel«-Gesprächs besucht. 27. bis 28. August 1974
(Foto: Rudolf Augstein)

Ausblicke – Einblicke

Willy und Rut Brandt in ihrem norwegischen Urlaubs- und Freizeitdomizil in der Nähe von Hamar, August 1974

Ein neues Leben

Willy Brandt im Sanatorium nach dem zweiten Herzinfarkt am 24. Februar 1979

Liebesgrüße aus Moskau

Willy Brandt und seine Frau Brigitte Seebacher-Brandt am 28. Mai 1985 auf dem Roten Platz in Moskau

La vie en France

Streifzüge von Willy Brandt und Brigitte Seebacher während des Urlaubs in Frankreich im August 1981

Ein deutscher Europäer und Weltbürger feiert seinen 75. Geburtstag

»Doch mit dem schweren Weg verbindet sich viel, das sich unauslöschlich eingegraben hat in die Erinnerung: Beispiele unerschütterlicher Treue und ungewöhnlicher Selbstlosigkeit; ein Verständnis von Solidarität, dem nichts Doppeldeutiges anhaftete.«

Willy Brandt

Von oben nach unten und von links nach rechts:

Björn Engholm, Peter Glotz, Holger Börner, Shep Stone, Walter Scheel, Oskar Lafontaine, Bruno Kreisky, Ernst Breit, van Miert, Bischof Kurt Scharf, Egon Bahr, Friedbert Pflüger, Basil Mathiopoulos, Hans Katzer, Johannes Rau, Helmut Kohl, Layachi Yaker, Jacques Delors, Ingvar Carlsson, Hans-Jochen Vogel, Shridath Surendranath Ramphal, Franz Vranitzky, Alan Boesek, Georg Leber, Valentin Falin, Rainer Barzel, Marianne von Weizsäcker, François Mitterrand, Gro Harlem Brundtland, Brigitte Seebacher-Brandt, Mieczyslaw Rakowski, Willy Brandt, Richard von Weizsäcker, Kalevi Sorsa, Mário Soáres, Hans-Dietrich Genscher, Shimon Peres

Mußestunden in Unkel

Willy Brandt mit seiner Frau Brigitte Seebacher-Brandt beim Blättern in einem Bildband des Fotografen Jupp Darchinger, 1992

Willy Brandt und Richard von Weizsäcker sind Gäste auf der Hochzeitsfeier von Margarita Mathiopoulos und Friedbert Pflüger im Juni 1987 in Bonn. Im Hintergrund rechts: der damalige Direktor des Aspen-Instituts, Shep Stone.

Lebenslinien

Willy Brandt in seinem Haus in Unkel nach seiner Operation Ende 1991

Geburtstag

Bildnachweis:

AP: S. 211; Bundesbildstelle Bonn: S. 58/59;
Landesbildstelle Berlin: S. 28 u., 30;
Helmut R. Schulze: 247;
Stern: Foto Lebeck: S. 94, 2. v. u.

Privatarchiv Mathiopoulos: S. 111 l., 122 r.;
Alle anderen Fotos: Jupp Darchinger

Bibliographie:

Willy Brandt
Begegnungen und Einsichten
Die Jahre 1960–1975
Hoffmann und Campe, Hamburg, 1976

Willy Brandt
Erinnerungen
Propyläen, Berlin, 1989
© 1989 Verlag Ullstein GmbH, Berlin
und Ferenczy Verlag AG, Zürich

Willy Brandt
Über den Tag hinaus
Hoffmann und Campe, Hamburg, 1974

Peter Koch
Willy Brandt. Eine politische Biographie
Ullstein Verlag, Berlin/Frankfurt, 1988